JN412390

신
벗어리지기

일러두기

1. 이 책에서는 수시로 성경 구절이 나오는데, 그때마다 내가 전하려는 내용을 가장 적절하게 번역한 성경을 인용했어. 그러니까 대다수 교회에서 표준처럼 사용하는 『성경전서 개역개정판』뿐만 아니라 『성경전서 개역한글판』 『성경전서 새번역』 『공동번역성서 개정판』 『쉬운 성경』 『현대인의 성경』 등 한국 기독교가 공인한 다양한 성경을 인용했다는 걸 밝혀둘게.

2. 이 책에서는 기독교의 신을 주로 '야훼'라고 불러. 가톨릭에선 하느님, 개신교에선 하나님이라고 부르지만 이것은 하늘의 주인이라는 우리말을 차용한 것이지 실제로 유대인이 자신들의 신을 지칭하던 단어는 יהוה 야(오른쪽에서 왼쪽으로 읽음). 한글 성경에선 신을 지칭할 때 하나님이나 여호와라는 단어를 쓰지만, 신학자들은 야훼가 훨씬 더 원래의 발음에 가까울 거라고 이야기해. 이 책에선 기독교의 신 이름을 문맥에 따라 하나님과 야훼라는 호칭을 뒤섞어 썼으니 혼동하지 않았으면 좋겠어.

3. 성경에서 유대인은 히브리인, 이스라엘 사람 등으로 쓰이기도 하는데, 모두 같은 민족을 말하는 거야.

4. 기독교는 예수를 구세주로 섬기는 모든 종교 분파를 아우르는 말이야. 가톨릭과 개신교, 성공회, 그리스정교 등이 모두 기독교라는 울타리에 속한 종교지. 이 책에선 교회나 목사의 비리가 아니라 성경을 비판하기 때문에 기독교라는 단어를 사용해. 유독 개신교에서 문제가 되는 것을 기독교라는 이름으로 뭉뚱그려서 이야기하면 가톨릭교도 입장에선 억울하겠지만 믿음 안에서 한 가족이라는 게 성경의 가르침이니까 좀 참아봐.

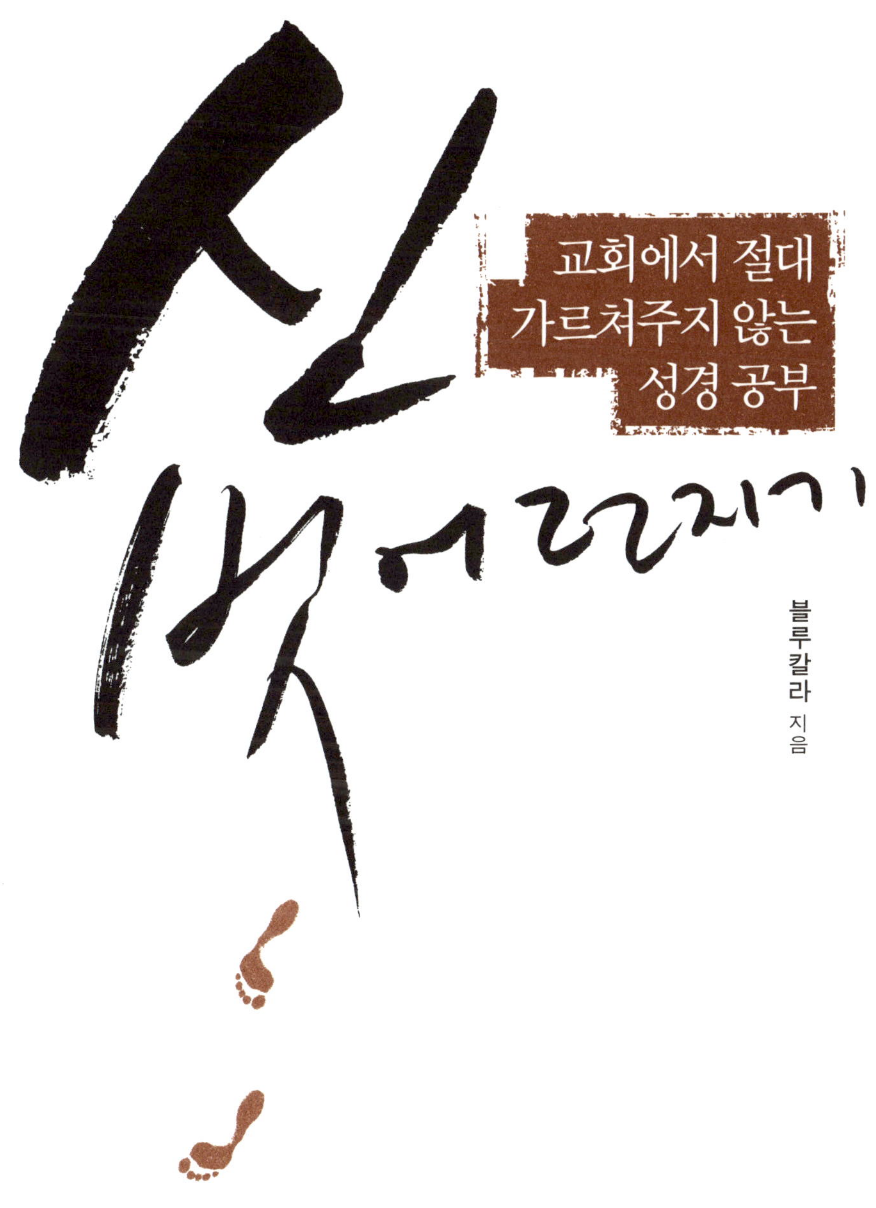

블루칼라 지음

미담사

교회에서 절대 가르쳐주지 않는 성경 공부

펴 낸 날 | 2011년 12월 15일 초판 1쇄
지 은 이 | 블루칼라
펴 낸 곳 | 121-856 서울 마포구 신수동 448-6 한국출판협동조합 내 미담사
전　　화 | (02) 3272-8865
팩　　스 | (02) 717-7725
이 메 일 | midam21@gmail.com
등　　록 | 제22-243호(2000년 9월 18일)

ⓒ 블루칼라, 2010

이 책의 내용을 저작권자의 허락 없이 복제, 복사, 인용, 전재하는 행위는 법으로 금지되어 있습니다.

ISBN 978-89-89370-71-X 03230

내가 몸부림치며 얻은 깨달음을 사람들과 나누고 싶어

이 책은 교회를 비난하기 위해 쓴 게 아니야. 신실한 기독교인을 무신론자로 돌이키기 위한 책도 아니지. 내 글이 안티 기독교인에게 교회를 비판하는 근거로 이용될 수도 있다는 걸 알지만, 믿든 안 믿든 정작 글쓴이 입장에서 내 글을 읽어주었으면 하는 이들은 전혀 다른 부류야. 성경 내용에 의문을 품고 있으면서도 신이 짊어지게 한 죄책감과 죽음 이후의 심판에 대한 두려움 때문에 어쩔 수 없이 교회에 나가는 사람들. 난 그들을 향해 신에게서 자유를 찾은 내 경험을 이야기하고 싶었어. 그들보다 한 발 앞서 무신론자의 길에 들어선 입장에서 작은 위로나 도움이라도 될 수 있기를 원했지.

난 30년 가까이 꽤 열정적으로 신앙생활을 해온 기독교(그중에서도 개신교)인이었어. 그것도 일요일 낮에만 잠깐 교회에 들르는 사람이 아니라 삶의 중심에서 신앙을 빼놓고는 이야기할 수 없는 열정적인 기독교인이었지. 하지만 난 결국 무신론자가 되고 말았어. 수십 년간 나를 지탱해온 가치관을 부정한다는 건 결코 쉬운 일이 아니었지만, 오랜 고민과 몸부림 속에 난 신의 존재를 부인할 수밖에 없었지.

이런 나를 향해 "성경을 지식으로만 이해하려고 하니까 그 꼴이 됐지, 쯧쯧쯧…" 하며 혀를 차는 기독교인도 있을 거야. 하지만 난 나름대로 체험이란 것도 해봤고, 방언의 은사나 말로 설명할 수 없는 기적이란 것도 경험한 사람이야. 그런 내가 신의 존재를 부인했을 땐 엄청난 고뇌와 갈등이 있지 않았겠어? 그러니까 나에 대한 비판은 이 책을 끝까지 읽은 다음에 해주길 바랄게.

많은 기독교인이 이렇게 이야기해. 성경은 진리고 사랑이지만, 그것을 믿는 이들 중에 악한 사람도 있다고. 하지만 내 생각은 달라. 난 오랫동안 성경의 내용을 부인하지 않기 위해 몸부림치며 살았지만 성경에는 너무나 많은 모순과 오류가 있으며, 거기에 기록된 신의 성품은 도저히 사랑의 하나님이라고 부를 수 없는 모습이란 말이야.

의외로 많은 기독교인이 하나님을 사랑한다고 말하면서도 신의 성품과 가르침에 무지한 것을 볼 수 있어. 신에 대해 의문을 품는 것을 죄악시하는 교회의 분위기가 가장 큰 원인이지. 그래서 대다수 교인은 목사들의 설교를 통해서만 성경을 접할 뿐, 그토록 사랑한다고 고백하는 신의 존재에 대해선 그다지 궁금해하지 않는 이중성을 보여. 나는 그런 이들에게 이 책을 통해 목사들의 설교로 포장되지 않은 신을 날것 그대로 보여주려고 해.

이 책의 앞부분에서는 성경 내용을 조목조목 비판하는데, 내가 성경을 문자 그대로 해석하는 입장을 취하는 것을 가지고 불만스럽게 생각할 사람들도 있을 거야. 실제로 현대 신학에서는 성경무오설(聖經無誤說 : 성경의 내용은 일점일획도 오류가 없다는 주장)이나 축자영감설(逐字靈感說 : 성경의 한 글자 한 글자가 모두 신의 지시로 기록되었다는 주장)을 과거의 유물로 취급하지. 평범한 기독교인은 믿지 않겠지만, 목사들은 성경에 기록된 사건들이 실제 역사에서 일어난 것이 아님을 신학교에서 배워 알고 있어.

그런데도 내가 현대신학의 유행(?)에 뒤처지는 방식을 고집하며 성경을 문자 그대로 해석하는 이유는 이것이 21세기 한국 교회에서 교인을 가르치는 방식이기 때문이야. 개신교의 주류 교파인 장로교와 침례교는 성경무오설과 축자영감설을 핵심 교리로 삼을 정도지. 이런 상황에서 내가 자유주의신학이나 종교다원주의를 이야기한다는 건 몇몇 신학자를 대상으로 한 공허한 외침이 될 수밖에 없어.

난 무신론자가 되기까지 수십 년간 장로교와 성결교, 순복음교회에 출석했고(모두 한국 개신교의 주류 교파임), 각 교파의 목사 친구들과 막역히 교류하는 사람이야. 그러니까 내가 접해온 성경 해석이 한국 교회와 목사들의 일반적인 성경 해석과 동떨어진 것은 아니라고 생각해. 내가 접해온 성경 해석이 옳다는 게 아니라 그게 한국 교회들의 일반적인 성경 해석 방법이란 얘기야.

그러니까 축자영감설에 빠져서 성경 구절을 하나하나 짚어가며 옳고 그름을 따지는 건 진짜 광신도나 하는 짓이라고 날 비판해봤자 번지수 잘못 짚은 거야. 나야 무신론자니까 성경이 신화라고 생각할 뿐, 축자영감설을 믿을 리가 없잖아. 다만 한국 교계의 상당수가 축자영감설을 기반으로 성경을 믿으니까 그런 가르침을 비판하기 위해선 축자영감설의 모순을 이야기하지 않을 수 없는 거라고.

이 책의 앞부분만 본다면 인터넷에서 흔히 접할 수 있는 안티 기독교 사이트의 자료들과 크게 다르지 않을지도 몰라. 하지만 그건 성경무오설을 철석같이 믿는 일부(?) 교인을 위한 서론일 뿐, 성경 한 구절 한 구절을 비판하는 게 이 책의 목적은 아니라고. 그러니까 앞부분 좀 읽다가 덮지 말고 부디 마지막 장까지 읽어줘. 그럼 내가 하고 싶은 이야기가 단순한 교리 비판은 아님을 알 거야.

나는 이 책을 통해 신이 존재하지 않는다고 주장할 생각이 없어. 그건 우주를 날아다니는 스파게티 괴물이 존재하지 않는다는 걸 증명할 수 없는 것과 마찬가지로 불가능한 일이야. 나는 성경에 기록된 신의 성품을 고스란히 드러내고, 과연 그러한 신을 사랑의 하나님이라고 받아들일 수 있는지 생각할 거리를 제공할 뿐이지.

나는 안티 기독교인이 아니라 무신론자야. 기독교의 신만 부정하는 게 아니라 사후 세계와 죽음 이후의 심판을 이야기하는 모든 종교의 신을 부정해. 다만 내가 수십 년간 교회에 다니면서 다른 종교의 경전보다 기독교의 경전 내용을 많이 알기 때문에 기독교 교리를 비판하는 거야. 내가 힌두교의 경전을 성경만큼 오랫동안 배웠다면 힌두교를 비판했을 거란 얘기지.

나는 일부 신학자나 목사들을 대상으로 글을 쓰는 게 아니야.

다시 말하지만 내 글은 신이 준 죄책감과 죽음 이후의 심판에 대한 두려움에 억눌린 대다수 평범한 기독교인이 읽어주기를 바라며 쓴 거라고. 그래서 나는 깊이가 없다는 비난을 받더라도 쉽고 부담 없이 읽을 수 있는 글을 쓰려고 애썼어. 꼭 필요한 경우가 아니면 일상생활에서 사용하는 쉬운 단어 위주로 쓰려고 했고, 철학자나 신학자의 책에서 그럴듯한 글귀를 인용하는 것도 최대한 피했지. 러셀이, 니체가 신에 대해 뭐라고 말했는지 인용해가며 '가방끈 길어 보이는' 학술 서적을 쓰는 게 내 글의 목적이 아니란 뜻이야. 그런 의미에서 딱딱한 어투가 되지 않도록 친구들이나 자녀들에게 조곤조곤 설명하듯이 구어체를 쓰는데, 버릇없는 저자라고 탓하진 말았으면 좋겠어.

나는 내가 몸부림치며 얻은 평범한 깨달음을 평범한 사람들과 나누고 싶어.

2010년 11월
블루칼라

차례

유일신 사상과 우상숭배
예수 천국 불신 지옥

불상과 단군상의 목을 자르는 기독교인을 보며 당신은 무슨 생각이 드는가?

크고 작은 교회를 섭렵(?)하며 자란 내가 볼 때, 기독교가 현대사회와 충돌하는 가장 큰 원인은 유일신 사상이야. '나 외에 다른 신을 두지 말라' 는 성경의 가르침은 구약(예수 탄생 이전에 기록된 성경)과 신약(예수 탄생 이후에 기록된 성경)을 아우르는 기독교 교리의 핵심이거든.

성경에서 신은 자기 외에 다른 신을 결코 용납하지 않았고, 무신론자를 포함해 다른 신을 섬기는 모든 사람들을 죄인으로 규정하고 있어. 불상과 단군상의 목을 베거나 장승에 불을 지르고, 남의 집 초인종을 누르며 복음(?)을 전하거나, 지하철 안에서 혹은 거리에서 '예수 천국 불신 지옥' 을 외치며 전도하는 기독교인이 있는 것도 그 때문이지.

다른 종교나 다른 사람들에 대한 배려라고는 눈곱만큼도 찾아볼 수 없을뿐더러 공격적이기까지 한 일부 기독교인의 행위가 사회적으로 지탄을 받다 보니 기독교인 중에도 그런 행위를 광신도나 몰지각한 신자의 짓이라고 비판하는 사람들이 있어. 하지만 이런 행위가 정말 사이비 교단이나 몰지각한 기독교인의 잘못된 성경 해석에서 비롯된 것일까?

노방전도를 광신도나 일부 몰지각한 기독교인이 하는 짓이라고 말하기는 애매한 부분이 있어. 성경을 보면 예수와 그의 열두 제자도 노방전도를 했거든. 우리나라 교회가 노방전도를 이단이나 광신도의 행위로 규정하는 것도 아니고 말이야. 내가 마지막으로 다닌 교회만 해도 우리나라 교계에서 꽤나 큰 영향력을 끼치는 대형 교회인데, 노방전도대가 활발히 활동했어. 노방전도는 결코 지탄 받을 행동이 아니라 오히려 신실한 사람들이 하는 활동이라고 인정받는 게 교회 내부의 분위기였거든.

그리고 불상이나 단군상의 목을 자르고 장승을 훼손하는 행위는 성경을 잘못 해석한 거라고 말하는 기독교인도 있지만, 다른 종교의 우상을 파괴하는 건 성경에서 빈번하게 나오는 신실한 믿음의 상징이야. 이스라엘 민족이 우상으로 섬기던 금송아지를 파괴한 모세의 이야기부터 여로보암 왕 때 우상의 제단이 파괴된 일화 등 하나하나 예를 들지 않아도 우상 파괴에 대한 성경의 입장은 어디까지나 야훼(히브리어 성경에 기록된 하나님의 이름)가 기뻐하는 행위라는 거지.

요즘은 세상이 좋아져서 인터넷으로도 성경을 읽을 수 있으니까 구약성경 앞쪽에 있는 「출애굽기」 23장을 찾아봐. 야훼가 모세에게 십계명을 내린 뒤 다음과 같이 명령하고 있어.

24 너희는 그들의 신들에게 엎드려서 절을 하여 섬기지 말 것이며, 그들의 종교적인 관습을 본받지 말아라. 신상들을 다 부수고, 그들이 신성하게 여기던 돌기둥들을 깨뜨려 버려라.

이건 자신을 제외한 신을 섬겨도 안 되고, 우상의 신상들을 파괴하라는 야훼의 명령이야. 그렇다면 불상이나 단군상, 장승을 파괴하는 행위를 광신도나 일부 몰지각한 신도의 짓이라고 비판하는 기독교인은 무슨 짓을 하는 것일까? 야훼의 명령에서 다른 신을 숭배하지 말라는 앞 구절의 가르침은 현대사회에서도 지켜야 하고, '신상들을 다 부수고, 그들이 신성하게 여기던 돌기둥들을 깨뜨려 버려라' 는 뒤 구절의 가르침은 지켜선 안 된다는 말이잖아. 성경의 가르침이 상황에 따라 믿을 수 있는 것만 골라서 믿어도 되는 거야?

기독교인은 흔히 교리는 비판하지 말라고 하지만, 우상을 파괴하라는 그 가르침 때문에 우리 주변에선 불상과 단군상, 마을 입구의 장승들이 목 베이고 불타는 사건이 왕왕 일어나고 있어. 그런데도 종교의 교리는 비판하면 안 된다고 말하는 건 무리한 요구 아냐?

사회의 법규범과 종교의 가르침이 상반될 경우 충돌이 일어날 수밖에 없어. 기독교 입장에선 교회 밖 사람들에게 대놓고 말하진 못하지만 우상을 파괴하는 게 하나님께 칭찬 받을 행위거든. 다만 현행법에 저촉되기 때문에 드러내놓고 주장하지 못하거나 '마음속의 우상을 파괴하라' 는 등 전혀 다른 뜻으로 해석할 뿐이지. 현대인의 평범한 윤리나 도덕관에 비추어 도저히 이해하거나 용납할 수 없는 신의 성품에 대해 자꾸 새롭게, 야훼가 시키지도 않은 해석을 덧붙이는 건 기독교의 모순을 해결하기 위한 서글픈 몸부림이야.

기독교의 신은 다른 종교와 화합하는 걸 결코 용납한 적이 없어. 그건 구약뿐만 아니라 신약으로 넘어와서도 마찬가지야. 다른 종교와 신을 화합의 대상으로 인정하는 순간 기독교는 핵심 교리를 포기하는 셈이지.

기독교인에게 물어봐. 기독교인이라면 솔직하게 자문해보면 되겠지. 하나님이 성경에서 한 번이라도 '그래, 다른 종교의 신들도 인정하고 타 종교인과 오순도순 정답게 살아라' 라고 말씀하신 적이 있나. 다른 종교를 인정해? 다른 종교인을 평화로운 세상을 만들어갈 동반자로 여겨?

성경에 네 이웃을 사랑하라는 이야기는 나와. 그런데 성경 속 이웃이란 개념에 불교의 승려나 이슬람교도도 포함될까? 행여나 스님들과도 화목하게 지내라는 게 하나님의 가르침이라고 믿는 분들이 있을지 모르니까 좀더 성경적으로 질문해볼게. 구약시대는 중동 지방에 불교나 이슬람교가 없을 때니까 다른 예를 들어보자고. 야훼는 바알을 섬기던 제사장들을 이웃으로 여기고 사랑하라고 했나? 기독교인이라면 성경에서 야훼가 바알을 섬기던 제사장들을 학살한 사실을 알 거야. 다른 종교를 믿으면 처자식이라도 죽이라고 명령하는 게 기독교의 하나님이지. 그런데 다른 종교인을 이웃이란 범주에 넣는 게 올바른 성경 해석일까?

「출애굽기」 32장에 보면 모세가 시나이산(한글 성경엔 시내산으로 번역)에 올라가 하나님과 독대하면서 십계명을 받아오는 장면이 나와. 그런데 모세가 오랫동안 시나이산에서 내려오지 않으니까 이스라엘 백성은 하나님을 버리고 금송아지를 만들어서 새로운 신으로 섬기지. 모세가 시나이산에서 내려와 이스라엘 백성 꼴을 보니까 기도 안 차는 거라. 어찌나 열이 받았는지 야훼가 내려준 십계명을 적은 돌판을 확 깨버리고 분노에 찬 음성으로 명령했지.

27 …"이스라엘의 하나님 여호와께서 여러분에게 '너희는 각자 허리
에 칼을 차고 야영지 이 문에서 저 문까지 왕래하며 너희 형제와
친구와 이웃을 죽여라' 하고 말씀하십니다."
28 그래서 레위 사람들은 모세가 명령한 대로 하였는데 그날 백성들
가운데 죽음을 당한 사람은 3000명 정도였다.
29 그때 모세가 레위 사람들에게 이렇게 말하였다. "오늘 여러분은 여
러분의 아들과 형제들을 죽이면서까지 여호와께 헌신하였으므로
여호와께서 여러분에게 축복하실 것입니다."

이게 바로 다른 종교를 믿는 이웃(?)을 접대하는 야훼의 방식이야. 하나님을 섬기지 않으면 자식과 형제라도 죽여야 축복을 받을 수 있다는 섬뜩한 가르침. 이것도 구약의 이야기일 뿐이라고 한다면 신약은 어떤가 보자고. 예수 역시 바알을 섬기는 제사장이나 다른 종교인과도 화목하게 지내라는 가르침을 준 적이 없

어. 예수조차 결코 다른 종교를 인정하지 않고 '내가 곧 길이요 진리요 생명이니 나로 말미암지 않고는 아버지께로 올 자가 없느니라' 고 말했을 뿐이지.

이게 바로 개신교의 가장 큰 딜레마야. 평화와 사랑을 이야기하지만 유일신 교리 밑에선 전 세계가 기독교인이 되기까지 계속 충돌이 일어날 수밖에 없다는 걸 기독교인도 알고 있으니까. 더 안타까운 건 유일신 교리를 믿는 종교가 여러 파벌로 나뉘면서 벌이는 전쟁과 학살의 역사야. 모세가 쓴 율법서를 신의 가르침으로 믿는 유대교, 거기에 더해 신약의 예수를 믿는 기독교, 모세가 섬기던 야훼를 알라라는 이름으로 만난 무함마드의 이슬람교가 오늘날까지도 서로 차별하고 학살을 일삼으며 전쟁의 역사를 이어왔지.

교리가 좀 다르긴 하지만 야훼라는 뿌리가 같은 신을 믿는 유대교와 기독교, 이슬람교를 합치면 세계에서 신자가 가장 많아. 그런데 같은 신을 믿는 사람들끼리도 화합하지 못하면서 이웃을 사랑하라고 얘기하는 서글픈 아이러니를 생각해보라고. 그걸 성경 해석을 잘못한 인간의 탓이라고 말하기엔 그 해악의 범위나 역사가 너무 넓고 깊잖아. 그 모든 게 유일신 사상이 가져온 비극이라고 생각하는 게 맞지 않을까?

절에서 불상의 목이 잘려나가고 단군상이 훼손되며, 시도 때도 없이 남의 집 초인종을 눌러대는 전도자들 때문에 곤히 자던 아기가 경기를 일으키고, 철야 근무를 마치고 아침에 퇴근해 겨우 눈을 붙인 근로자가 휴식을 방해 받고, 출퇴근하는 지하철 안에서 ‘예수 믿지 않으면 당신 지옥에 떨어져’ 라는 협박을 받는 사람들… 이들은 엄연히 피해자야. 그런데 그 피해자들이 기독교인을 향해 ‘제발 그만!’ 이라고 외치면 하나님을 위해 선교하다 핍박을 당한다고 기뻐하는 모습을 보이는 건 정말 아니라고 봐.

의를 위하여 핍박을 받은 자는 복이 있나니 천국이 저희 것임이라

「마태복음」 5장 10절

무릇 그리스도 예수 안에서 경건하게 살고자 하는 자는 핍박을 받으리라

「디모데후서」 3장 12절

이런 성경의 가르침을 되새기며 세상 사람들의 불만과 분노를 당연한 핍박(?)이라고 넘기거나 되레 화를 내지. ‘이게 다 당신들을 위한 거야!’ 라고.

얼마 전에 내가 밤새 일하고 퇴근해서 오전에 잠들었는데 누가 초인종을 격하게 눌러대더라. 피곤해 죽겠는데 일어나서 누구냐고 물었더니 신종 플루 관련해서 조사를 나왔대. 문을 열어줬더니 한 아주머니가 해맑게 웃으면서 교회 나가면 신종 플루 낫는다는 거야. 그런 상황에 닥치면 사람들이 신의 가르침에 호기심이 생길까, 아니면 분노할까? 그런 전도의 열정(?)이 다른 종교인이나 무신론자에겐 분노만 일으킨다는 걸 그들은 정말 모를까?

이 사례는 분명 일부 몰지각한 기독교인의 문제야. 하지만 그 일부라는 사람들이 너무 많다는 게 문제지. 일부 몰지각한 기독

교인이 저지르는 행위를 평범한 무신론자나 다른 종교인이 도대체 어디까지 감내해야 하는지 모르겠어.

기독교에서 '노방전도는 이단!' '기독교는 다른 종교의 신을 인정한다' '다른 종교인을 우리 식대로 구원하려고 애쓰지 않는다' 는 공식적인 입장을 표명하기 전까진 다른 종교인과 무신론자는 교회의 그런 전도 방식이나 행위에 문제를 제기할 수밖에 없잖아. 그런데 막상 문제를 제기하면 '종교 문제는 얘기해봐야 좋을 게 없으니 아예 얘기도 꺼내지 말라' 고들 해. 주객이 바뀐 것 같지 않아?

좀 다른 얘기를 할게. 요즘 일부 기독교인이 초등학교 앞에서 사탕이나 빵 쪼가리로 애들을 꾀어 교회로 데려가는 짓을 해. 전에 내가 겪은 일 때문인지 몰라도 이건 납치가 아닌가 싶은 생각이 들어.

딸아이가 날마다 새벽에 비명을 지르며 깨서 운 적이 있어. 하루는 딸아이를 꼭 안고 다독이며 무슨 꿈을 꿨냐고 물으니까 꿈에 자꾸 귀신이 나오고 사람이 죽는다지 뭐야. 왜 이러나 싶어 애 엄마나 나나 걱정이 많았지. 그런데 차근차근 아이랑 얘기해보니 문제는 교회에서 비롯됐어. 이 녀석이 학교 앞으로 찾아온 교인한테 이끌려 친구들이랑 교회에 갔는데, 교회에서 애들한테 영화 '패션 오브 크라이스트' 를 보여준 거야.

그 영화를 감독한 멜 깁슨이 제일 중점을 둔 게 예수의 죽음에 대한 극사실적인 묘사잖아. 채찍질 당해서 살점이 떨어지고 옆구리에 창 찔려가면서 십자가에 매달리는 피바다 영화란 말이지.

그런데 그걸 열 살도 안 된 초등학생 꼬마한테 보여준 거야. 지금 생각해도 어처구니없고 기가 막혀. 아이들을 교회에 데려가 영화를 보여준 광신도에겐 '패션 오브 크라이스트'가 은혜롭고 감동적인 영화인지 몰라도 딸아이한테는 하드코어 공포 영화였지. 그 영화를 보고 와서 밤마다 악몽에 시달리며 새벽에 깨서 운 거야.

극장에서 영화를 상영할 때 연령대에 따른 관람 등급이 있다는 거 알지? 영화 내용이 관객에게 미칠 영향을 생각해서 전체 관람가, 12세 이상 관람가, 15세 이상 관람가, 18세 이상 관람가, 제한 상영가로 등급을 나누잖아. '패션 오브 크라이스트'는 15세 이상 관람가 영화야. 그 피바다 하드코어 공포 영화를 열 살도 안 된 꼬마한테 보여주는 전도의 열정이 과연 올바른 것일까?

그 일 이후 기독교에 나쁜 감정이 없던 아내는 완전히 등을 돌렸어. 내가 기독교인에게 말하고 싶은 건 이거야. 부모는 누구나 자신이 생각하는 최선의 가치관을 자식들에게 물려주고 싶어해. 그러니까 기독교인이 자기 자식한테 성경을 가르치든, '패션 오브 크라이스트'를 보여주든 내가 뭐라고 할 수 있는 문제가 아니지. 물론 내 관점에선 에덴동산에서 선악과 따 먹은 아담의 원죄를 물려받고 평생 죄책감과 지옥에 대한 공포를 안고 살아갈 그 아이들이 안타깝지만, 다른 부모가 자식 교육하는 것까지 참견할 수는 없잖아. 마찬가지로 남의 집 자식들한테 부모 허락도 없이 기독교인이 믿는 종교의 가치관을 주입해서도 안 된다고 봐. 법적으로도 자녀의 교육 방법은 부모가 책임질 문제고, 타인이 멋대로 끼어드는 건 용납되지 않아.

나도 초등학생 시절부터 교회에 다니면서 세뇌 당하듯이 성경의 가르침을 배워봤기 때문에 알아. 이성적으론 거부하려고 해도 어릴 때부터 세뇌 당한 내용을 부정한다는 게 정말 어렵다는 걸 뼈저리게 안다고. 반대로 말하면 기독교인 입장에선 어린애들을 전도하는 게 가장 효과적인 전도 방법이란 걸 알고 있으니 그렇게 아동 전도에 정성을 들이겠지만, 누군가에겐 그런 전도 방식이 폭력일 수 있다는 생각을 해줬으면 해.

내가 성경에 묘사된 신을 비판하긴 하지만, 기독교인을 증오하거나 미워하지는 않아. 그런데 우리 아이가 악몽을 꾸다가 깨서 우는 모습을 볼 때는 정말 기독교인이 싫어지더라고.

기독교인은 무신론자나 다른 종교인을 열심히 전도하지만, 정작 다른 종교인이 기독교인에게 자신의 종교를 포교하려고 하면 어떻게 할까? 그런 상황에 대처하는 법을 야훼는 「신명기」 13장에서 이렇게 가르치고 있어.

6-7 여러분의 형제나 자녀나 사랑하는 아내나 여러분의 가장 친한 친구가 여러분과 여러분의 조상들이 알지 못하는 이방 민족의 신들을 섬기자고 은근히 유혹하여도

8 여러분은 그 꼬임에 넘어가지 말고 그들의 말을 듣지도 말며 정에 끌려서 불쌍히 여기거나 그들을 감싸지 마십시오.

9 여러분은 그런 자를 사정없이 죽여야 합니다. 죽일 때는 그런 유혹을 받은 사람이 먼저 손을 대고 그 다음에 모든 군중이 손을 대도록 하십시오.

10 그들은 이집트에서 종살이하던 여러분을 구출해 내신 여러분의 하
나님 여호와를 떠나도록 여러분을 유혹한 자들입니다. 그러므로
여러분은 그들을 돌로 쳐 죽여야 합니다.

절에 다니는 아내가 교회 다니는 남편에게 절에 같이 가보지 않겠느냐고 권유하면 정에 끌리지 말고 반드시 돌로 쳐 죽이라는 게 야훼의 가르침이야. 섬뜩하지? 자신들을 향해서 전도하려고 하는 다른 종교인은 처자식이라도 돌로 쳐 죽이라는 신이 과연 기독교인이 말하듯 사랑의 하나님일까? 자신들을 꾀려는 다른 종교인은 죽여야 마땅하지만, 자신들이 하나님 말씀을 전하는 건 당연하다고 생각하는 이중성. 그리고 그 이중성에 담긴 폭력성이 나를 슬프게 해.

난 기독교인이 다른 종교를 대할 때 입장을 바꿔 생각해주면 좋겠어. 예를 들어 기독교인의 아이가 다니는 학교 앞에 매일 이슬람교도가 찾아와서 아이를 모스크로 데려가려 한다면 기독교인 부모 입장에선 어떤 생각이 들지 말이야. 자기가 당하기 싫은 일은 남에게도 하지 않는 게 더불어 사는 인간 사회의 상식이잖아. 다른 종교로 전향하는 건 결코 원치 않는 기독교인이 다른 종교인이나 무신론자를 교회로 데려가기 위해 전도하는 건 폭력이 될 수 있다는 걸 알았으면 좋겠어.

Q 우상을 파괴하라는 하나님의 명령은 구약시대 유대인에게만 내려진 것입니다. 현대인들이 불상을 파괴하는 것은 하나님의 뜻이 아닙니다.

A 일부 교인들은 현대사회의 규범이나 상식에 벗어나는 성경의 가르침에 당신과 같은 해석을 함으로써 신에게 면죄부를 줍니다. 하지만 성경 어디에도 다른 종교를 인정하고 그들과 더불어 평화롭게 살아가라는 가르침은 없습니다. 성경에서 신은 절대로 다른 종교를 인정하지 않았고 오히려 그들의 우상을 파괴하라고 가르치는데, 당신은 야훼가 그럴 리 없다고 말하는 겁니다. 성경을 자신의 뜻대로 해석하는 것이 과연 누구일까요?

Q 종교의 자유가 보장되는 나라에서 전도는 종교인의 당연한 권리인데, 왜 그것을 비판하죠?

A 맞습니다. 명동 한복판에서 '예수 천국 불신 지옥'을 외쳐도 1인 시위라고 주장한다면 법으로 제재할 수 없습니다. 하지만 입장을 바꿔 생각해보세요. 불교도나 이슬람교도가 당신의 집 문을 수시로 두드리며 자신의 종교를 포교하고, 지하철에서 당신을 향해 '부처님 믿지 않으면 지옥 가!'라고 협박하는 상황이 너무나 빈번하게 벌어진다면 어떤 기분

일까요? 싫다는 사람에게 물건을 강매하려고 들이대는 사람들과 다를 게 있을까요?

당신에게 종교의 자유가 소중한 것처럼 타인의 종교(혹은 무신론자로 살아가는 것)도 똑같이 존중 받아야 할 소중한 권리입니다. 타인의 소중한 권리를 침해하면서 자신의 자유라고 주장하기 때문에 최근 들어 다른 종교인이나 무신론자들이 기독교에 반감을 갖는 것 아닐까요?

성경 속의
차별

인종차별, 성차별 등 차별에 대한 당신의 생각은?

현대사회에서 민주화의 척도는 인권이 얼마나 보장되느냐에 달렸다고 해도 과언이 아니야. 사회 구성원의 평등한 권리를 보장받기 위해 온갖 차별과 싸운 게 인권 신장의 역사기 때문이지. 따라서 현대인들은 인권을 인간이 누려야 할 가장 중요한 권리로 받아들여. 그건 기독교인도 동감할 거야. 그런데 「신명기」 23장을 읽어보면 신이 말씀하는 인권이 우리 인간이 생각하는 것과 다르다는 걸 알 수 있어.

2 누구든지 불륜의 관계에서 태어난 사람은 여호와께 예배드리는 모임에 나올 수 없소. 그들의 자손은 십 대에 이르기까지 여호와께 예배드리는 모임에 나올 수 없소.

한마디로 사생아는 예배 드리러 나오지 말라는 얘기야. 그것도 자자손손 10대에 이르도록. 죄를 지은 건 불륜을 저지른 사생아의 부모지 사생아와 그 자손이 아닐 텐데, 그들에게 내린 야훼의 가혹한 가르침을 어떻게 받아들여야 할까?

우리나라에도 연좌제라는 게 있었어. 월북한 부모나 친척을 둔 사람들은 공무원이 되거나 취직하기 힘든 시절이 있었다고. 조선시대에 역모를 꾀하면 삼족을 멸했듯이 한 사람이 잘못을 저지르면 그 가족과 자식들까지 죄를 물어서 죽이는 연좌제는 대다수 국가와 문화권에 존재하던 잘못된 처벌 방식이야.

지금은 대한민국헌법 제13조 3항에 '모든 국민은 자기의 행위가 아닌 친족의 행위로 인하여 불이익한 처우를 받지 아니한다'는 규정을 만들어서 연좌제를 금지하지. 자기가 저지르지도 않은 잘못 때문에 처벌이나 차별을 받는다는 건 옳지 않은 일이라는 걸 누구나 안다고. 그런데 성경은 부모의 죄 때문에 자손 대대로 차별하는 것이 옳다고 가르치는 거야.

사생아는 대대로 하나님 앞에 나오지 말라는 저주는 사생아를 차별하기 위한 게 아니라 불륜 관계에 대한 엄중한 경고의 의미일 뿐이라고 해석하는 기독교인도 있겠지. 물론 나도 그런 해석방법에 어느 정도 동의해. 부모들이 어린 자녀에게 하지 말라는 것들을 가르칠 때 약간 과장을 섞어서 겁을 주듯이 경고하는 경우가 없지 않으니까. 인간의 부모는 자녀들이 잘못을 저질러도 저주하지 않지만, 성경에서 야훼는 자신의 명령을 지키지 않은 백성에게 저주와 학살을 행하셨다는 게 문제지.

연좌제의 무시무시한 협박성은 가장 효과적인 경고의 수단인 게 사실이야. 자기 혼자 죽는 거면 이판사판 목숨 걸고 맞짱을 떠보겠는데 낳아주신 부모님부터 여우 같은 마누라, 토끼 같은 자식들까지 죽이겠다고 으름장을 놓으면 마음 약해지는 게 당연하잖아. 그런 인간의 약함을 알고 자식들까지 저주하겠다고 말하는 신의 모습을 보면서 난 씁쓸한 마음을 감출 수가 없어.

기독교인한테 야훼 하나님은 절대적인 선善이잖아. 난 하찮은 인간이라서 뭐가 절대선(유식한 말로 the absolute good!)인지 몰라도 절대로 넘지 말아야 할 선led line이 있다는 건 알아. 그 선을 넘는다면 결코 절대선이 될 수 없지. 난 인간에 대한 차별이란 게 넘어서는 안 될 선이라고 생각해. 자기가 원해서 사생아로 태어난 사람이 어디 있겠어. 다 부모 잘못이지. 그런데 사생아를 차별하는 게 당연하다고 가르치는 신이 있다면 절대로 넘지 말아야 할 선을 넘는 게 아닐까?

설사 그게 협박일 뿐, 사생아를 차별하려는 게 신의 본심이 아니었다고 해도 마찬가지야. 상식적으로 생각해봐. 안식일에 촛불을 끄는 것도 일이라고 생각해서 불 끄는 일만 담당하는 이방인(샤베스 고이)을 아르바이트로 고용할 정도로 성경의 가르침을 철두철미하게 지킨 게 유대인이야. 그런 유대인이 사생아는 자손대대로 예배에 나오지 못하게 한 야훼의 가르침을 무시했을까? 설사 신이 불륜을 엄중히 경고한 거라고 해도 당시 유대인은 신의 협박(?)에 따라 분명히 사생아를 차별하고 정죄했을 거라고.

머리말에서도 밝혔지만 난 이 책을 통해 신이 존재하지 않는다고 주장할 생각이 없어. 하지만 인간이 신을 만들어낸 것이 아니라면 왜 기독교의 신은 성경이 기록된 당시 인간들의 문화와 이

성, 윤리관에서 한 치도 벗어나지 못했을까?

「신명기」 23장을 계속 읽어보면 야훼가 가르치는 또 다른 차별이 나와.

3-4 암몬 사람이나 모압 사람은 여호와께 예배드리는 모임에 나올 수 없소. 그 자손은 십 대뿐 아니라 영원히 여호와께 예배드리는 모임에 나올 수 없소. 암몬 사람과 모압 사람은 여러분이 이집트에서 나올 때에 여러분에게 빵과 물을 주지 않았소.

이번엔 10대가 아니라 영원히(!) 신 앞에 나올 수 없는 암몬과 모압 족속에 대한 저주야. 유대인이 이집트에서 탈출할 때 음식을 제공하지 않았기 때문이래. 이 대목에서 사랑의 하나님이라는 야훼의 품성을 다시 생각해보지 않을 수 없어.

암몬과 모압 족속은 성경 속 유명한 이야기인 소돔과 고모라의 멸망에서 그 기원을 찾을 수 있어. 기독교 신앙에서 믿음의 조상이라고 불리는 아브라함에겐 조카가 있었는데 롯이라는 사람이야. 롯은 죄악이 만연한 소돔성에 살았는데, 야훼는 아브라함의 얼굴을 봐서 롯의 가족을 소돔에서 빼낸 다음 성안의 백성을 모두 학살했지. 이때 절대로 뒤돌아보지 말라는 명령을 어긴 롯의 아내는 그놈의 호기심 때문에 소금 기둥이 되어 죽고 말았어.

졸지에 홀아비가 된 롯은 두 딸과 함께 근처 동굴에서 며칠 머무르지. 그때 성경에서 가장 유명한 근친상간 사건이 일어나. 롯의 딸들이 아비를 술 취하게 한 다음 차례로 롯과 잠자리를 해서 아이를 임신한 엽기적인 사건이지. 두 딸이 낳은 아이들이 바로 암몬과 모압 족속의 조상이야.

앞서 말했듯이 불륜도 그렇고, 근친상간도 사회윤리로 볼 때 용납되기 힘든 일 맞아. 그런데 그건 롯과 두 딸의 잘못이지, 그 결과 태어난 아이들의 죄가 아니잖아. 하지만 야훼는 족보와 핏줄을 너무나 중요하게 여기는 존재라 근친상간으로 태어난 암몬과 모압 족속을 못마땅하게 여겨 마음에 담아둔 거지. 그러다가 이스라엘 백성이 출애굽(이집트에서 탈출)하는 동안 모압과 암몬 족속이 이스라엘 사람들한테 음식을 제공해주지 않으니까 야훼는 그들에게 영원히 저주를 내린 거야.

내가 구약의 하나님을 비판하면 몇몇 기독교인이 이런 얘기를 하더라. 구약에서 나타나는 신의 나쁜 모습 말고 좋은 모습도 봐야 하지 않느냐고, 그게 균형 감각 아니냐고 말이야. 그러면서 안식년(7년째)이 되면 노예를 풀어주라거나 돈을 빌려주면 이자를 받지 말라고 명령한, 현대인의 눈으로 봐도 꽤 그럴듯한 신의 명령을 예로 들어 구약의 하나님이 사랑의 하나님이라고 해. 다음은 「출애굽기」 21장에 나오는 노예에 관한 율법이야.

2 네가 히브리 종을 사면 그는 여섯 해 동안 섬길 것이요 일곱째 해에
는 몸값을 물지 않고 나가 자유인이 될 것이며…

성경에서 야훼는 사람을 사고파는 소비자가격(?)까지 가르쳐줄 정도로 노예제도를 공인한 분이지만, 그건 일단 뒤로 미뤄놓고

생각해봐. 위의 구절을 보면 종을 거느리더라도 7년째 안식년이 되면 그 종을 풀어줘서 자유인이 되도록 하라는 말씀이야. 얼핏 들으면 이건 좀 감동이 되려고 하지?

그런데 이 가르침의 전제 조건을 확인해볼 필요가 있어. '네가 히브리 종을 사면' 이라는 조건. 노예를 돈 주고 사서 6년 동안 부려먹으면 7년째 되는 해에 풀어주라는 이 멋진 가르침은 어디까지나 동족인 히브리인을 노예로 샀을 경우에만 해당하는 얘기잖아. 이방인을 노예로 샀을 때는 계속 부려먹어도 상관없다는, 유대인의 선민사상과 다른 민족에 대한 차별을 바탕으로 한 가르침이란 말이야. 그다음 구절을 보면 사랑의 하나님이라는 야훼의 성품에 더 깊은 의구심이 생기지.

4 만일 주인이 그에게 아내를 주어 그 여자가 자녀를 낳았으면 그 여자와 아이들은 주인의 소유가 될 것이며 나갈 때는 그 남자만 나가야 한다.
5 그러나 그 종이 주인과 자기 처자를 사랑하므로 혼자 나가서 자유로운 몸이 되고 싶지 않다고 말하면
6 주인은 그를 재판관 앞에 데리고 가서 그를 문이나 문설주에 기대서게 하고 송곳으로 그 귀를 뚫어야 한다. 그러면 그가 평생 그의 종이 될 것이다.

히브리인 노예가 7년째 되는 해에 자유의 몸이 되더라도 그 사이에 결혼을 해서 아내와 자식이 생겼다면 종의 아내와 자식은

주인의 소유라는 거야. 안식년을 맞은 노예가 자유를 얻더라도 아내와 자식은 두고 혼자 주인의 집을 나가라는 얘기지. 게다가 그 종이 처자식을 떼어놓고 혼자 나갈 수 없다고 말하면 주인은 종의 귀를 송곳으로 뚫어서 노예의 증표를 남긴 뒤 평생 종으로 삼으라는 거야.

자유의 몸이 되겠다고 처자식을 버릴 노예가 얼마나 있을까. 결국 처자식을 볼모 삼아 평생 노예로 부려먹어도 된다고 신께서 보장해준 거야. 도저히 믿기지 않지만 이게 사랑의 하나님이라고 칭송 받는 야훼의 가르침이지.

이런 차별과 폭력을 가르치던 구약의 하나님이 신약에서 갑자기 예수를 이 땅에 보내 이미지 개선을 꾀하지만, 성경에 묘사된 야훼의 성품은 사랑의 하나님이라고 말하기 어렵다고 봐. 「유일신 사상과 우상숭배」에서도 이야기했지만 기독교는 유일신 사상을 핵심 교리로 하고, 이건 구약과 신약을 아우르는 신의 가르침이야. 유일신 사상은 구약에서 유대인만을 향한 구원, 즉 선민사상을 심어줬고 신약에 이르러선 예수를 믿는 사람들만을 위한 구원으로 이어져서 또 다른 선민사상을 부추기지. 실제로 선민사상은 성경 곳곳에서 나와. 다들 돈 얘기에 관심이 많을 테니 성경 속 재테크에 대해 알아볼까? 「출애굽기」 22장에 다음과 같은 구절이 있어.

25 네가 만일 너와 함께 한 내 백성 중에서 가난한 자에게 돈을 꾸어
주면 너는 그에게 채권자같이 하지 말며 이자를 받지 말 것이며

한마디로 돈을 빌려줘도 원금만 돌려받고 이자를 받지 말라는 얘기야. 현대인의 시각에서 봐도 굉장히 멋진 말씀이지. 그런데 이 멋진 말씀에 눈물 찔끔 나올 정도로 감동을 받을 뻔하다가도 그 이면에 실린 내용을 알면 또 다른 차별에 놀랄 수밖에 없어. 우리가 앞서 읽은 「신명기」 23장에 보면 이런 구절이 있어.

19 여러분은 같은 이스라엘 사람에게 돈이나 양식이나 그 밖에 어떤
것을 빌려 주고 이자를 받지 마십시오.
20 여러분이 외국인에게는 이자를 받을 수 있으나 여러분의 동족에게
이자를 받아서는 안 됩니다.…

유대인끼리는 돈이나 곡식을 빌려주고 이자를 받으면 안 되지만, 다른 민족에겐 고리대금업을 해도 된다는 말씀이지. 이런 말씀 덕분에 스크루지 영감을 비롯하여 수많은 유대인이 사채업으로 성공할 수 있었던 거야.

자신이 선택한 민족을 사랑하다 못해 유대인의 재테크를 위해서는 이방인을 대상으로 사채놀이를 해도 괜찮다고 공인하고, 이스라엘을 괴롭히는 주변 국가나 민족이 있으면 갓난아이까지 학살해가며 편애를 실천한 '사랑의 하나님'을 어떻게 봐야 할까? 물론 이런 말씀에서도 인간이 감히 상상할 수 없는 신의 사랑을 발견하는 신실한 기독교인이 대부분이겠지만 말이야.

차별이라고 하면 성차별을 빼놓을 수 없지. 기독교인은 성경에서 야훼가 여자를 차별하지 않는다고 항변하겠지만, 실제로 여자

는 성경 곳곳에서 엄청난 차별을 당해. 에덴동산에서 선악과를 따 먹은 이후 여자는 영원히 남자의 다스림을 받으리라는 성차별에 대해선 그야말로 꿈보다 해몽이 좋다니까. 「레위기」 12장에 보면 야훼께서 남자와 여자를 얼마나 차별하는지 알 수 있어.

2 이스라엘 백성에게 일러 주어라. 여자가 아들을 낳으면, 그 여자는
칠 일 동안 부정하게 될 것이다. 월경을 할 때처럼 부정할 것이다.
4 피로 부정하게 된 산모의 몸은 삼십삼 일이 지나야 다시 깨끗하게
될 것이다. 산모는 성물을 만지지 말고, 깨끗하게 되는 기간이 찰
때까지 성소에 들어가지 마라.
5 만약 여자가 딸을 낳으면 그 여자는 이 주일 동안 부정하게 될 것이
다. 월경을 할 때처럼 부정할 것이다. 피로 부정하게 된 산모의 몸
은 육십육 일이 지나야 다시 깨끗하게 될 것이다.

보다시피 야훼는 임신한 여자가 아들을 낳았을 때 피로 더러워진 몸이 정결해질 때까지 33일 동안 성소에 들어가지 말라고 명령했어. 그런데 딸을 낳으면 더러움이 훨씬 심하기 때문에 66일 동안 성소에 들어가지 말라는 거야. 아이를 낳거나 생리 중인 여자가 부정하다는 발상도 우습지만, 아들딸까지 차별하는 신의 모습을 보며 울컥하는 여자들 없지는 않을 거야. 산모는 아무래도 몸이 약하니까 한 달 동안 몸조리하면서 집 밖으로 쏘다니지 말라는 신의 배려라고 해석하는 교인도 있어. 정말 꿈보다 해몽이 좋은 경우지. 그러면 아들 낳은 여자는 몸조리하는 데 한 달이 필

요하고, 딸 낳은 여자는 두 달이 필요하다는 거야?

기독교식으로 말하면 사람의 성을 결정하는 건 신의 영역이야. 엄마가 아들딸 골라서 낳을 수도 없고. 그런데 왜 야훼께서는 딸 낳은 엄마를 아들 낳은 엄마와 차별하여 두 달 넘게 성소에 얼씬도 못 하게 하셨을까? 난 이 대목에서 남아 선호의 시대적 상황이 반영된 야훼의 성차별 태도가 적나라하게 드러난다고 봐.

의학이 발달한 현대에 이르러선 아들인지 딸인지 결정하는 성 염색체가 X, Y로 구성되고, 여자는 XX, 남자는 XY 염색체 구조라는 걸 중학생도 알아. 아들을 낳기 위한 Y 염색체는 남자에게만 있으니 딸 낳은 엄마를 타박하는 건 무식이 하늘을 찌르는 짓이야. 혹시 전지전능하다는 하나님이 이런 단순한 의학 상식조차 몰랐던 것 아닐까? 의학 지식이 없던 그 시대 사람들이 딸을 낳는 건 여자 책임이라고 생각했으니 하나님도 그렇게 알았다는 얘기잖아. 무신론 전도사로 유명한 리처드 도킨스의 책 제목을 빌리자면 '만들어진 신'이 아닐까 싶은 거지.

야훼께서는 「레위기」 23장에서 여자와 남자 노예를 거래할 때 소비자가격까지 가르쳐줘. 여기서도 여자 노예는 남자 노예의 반값이면 된다고 남녀 차별을 하지. 이건 모세가 멋대로 적은 게 아니라 '여호와께서 모세에게 말씀하여 이르시되'라고 강조했을 정도로 분명한 신의 가르침이야. 사람을 사고파는 것을 야훼가 직접 허락하고 노예시장에서 거래되는 인간의 가격까지 친절하게 가이드라인을 제시해준 거라고. 이런 남녀 차별을 당연한 것으로 여기던 유대인 남자들은 '여자로 태어나지 않게 해주심을 감사합니다' 라고 기도했을 정도지. 그래도 야훼께서는 차별한 적이 없다고 믿고 싶은 기독교인에겐 「레위기」 21장을 읽어보라고 권하고 싶어.

17 너희 자손 가운데 대대로 신체적 결함이 있는 자는 누구든지 나에게 제물을 드릴 수 없다.

18 그들은 소경, 절뚝발이, 코가 비뚤어진 자, 손가락과 발가락이 더 붙은 자,

19 손발이 부러진 자,

20 꼽추, 난쟁이, 눈에 결함이 있는 자, 각종 피부병이 있는 자, 그리고 고자이다.

아무리 좋게 해석하려고 애써도 이 가르침의 핵심은 '장애인은 신에게 오지 말라' 는 거야. 이외에도 성경 속의 수많은 차별을 하나하나 지적하다간 며칠 밤을 새도 모자라. 이런 차별과 선민사상을 기반으로 한 기독교의 교리는 현대에 이르러서도 자신들만 구원 받았다는 생각에 다른 종교를 무시하고 지하철에서 '예수 천국 불신 지옥' 을 외치고 다니게 하는 근거가 되지.

성경에서 신이 가르친 차별과 선민사상이 사랑이라면 난 그런 사랑을 거부하고 싶어. 난 무신론자니까 불교에서 말하는 사후세계나 윤회에도 동의하지 않지만, 얼마 전 입적하신 법정스님께서 이런 말씀을 했지.

믿지 않는다 하여 자신의 자식이라 하는 인간들을 지옥에 던져버리는 당신네들의 신을 난 당최 이해할 수가 없다. 차라리 난 지옥에 가서 당신네 신에게 버림 받은 그 억울한 영혼들을 구제하겠다.

과연 어느 쪽이 진정한 사랑인지 조금이라도 사랑의 본질을 고민해본 사람이라면 알 수 있지 않을까?

Q 「레위기」 21장에 기록된 장애인에 대한 차별은 어디까지나 제사장들에게만 해당하는 내용입니다. 야훼에게 제사를 드리는 제사장들은 흠이 없어야 한다는 것이지, 장애인을 차별하는 내용이 아닙니다.

A 말씀하신 내용이 바로 장애인에 대한 차별입니다. 이삿짐을 나르거나 전투기를 조종하는 것처럼 극심한 육체 활동이 필요한 경우라면 모를까, 신에게 제사를 드리는 일은 육체의 장애가 그다지 문제가 되지 않습니다. 야훼는 장애인을 성전 안으로 들이면 안 되는 이유에 대해 「레위기」 21장 23절에서 이렇게 설명하고 있습니다.

그러나 그는 휘장을 지나 안으로 들어가지 못한다. 제단에도 가까이 가지 못한다. 그는 흠이 있으므로 내 성소를 더럽히지 말아야 한다.

야훼에게 장애인은 흠이 있고 더러운 자들입니다. 이래도 야훼는 장애인을 차별하지 않았다고 하시겠습니까?

Q 당신이 말한 것처럼 성경에 차별적인 가르침이 많은 건 사실이지만, 현대의 교인은 그런 차별을 따르지 않습니다.

A 맞습니다. 요즘 일부 교인은 성경에 나타나는 불합리한 신의 명령을 나름대로 걸러서 듣죠. 하지만 그 이야기는 당신이 믿는 신이 21세기를 살아가는 당신의 상식이나 윤리관보다 못한 존재라는 의미입니다. 성경에 기록된 차별을 부정한다면 당신이 선택할 수 있는 것은 셋 중 하나입니다. 전지전능하지만 성염색체의 존재는 알지 못한 신을 믿거나, 성경 내용은 상당 부분 인간이 신의 이름을 사칭해 기록했다는 것을 받아들이거나, 신앙을 거부하거나. 어느 쪽을 택하든 그것은 당신의 몫입니다.

성스러운
性
성경
A

동성애자는 죄인일까, 아닐까?

이번에는 인류의 관심사인 성性에 대한 얘기를 하려고 해. 좀 야하고 자극적이지만 내가 없는 얘기 하는 것도 아니고 다 성경에 기록된 내용이니까 너무 점잔 빼진 말자고. 아래 내용은 모세가 하나님의 말씀을 직접 받아썼다는 「레위기」 20장에 나오는 가르침이야.

10 누구든지 남의 아내와 간통하면 남녀를 다 같이 처형하라.

11 누가 계모와 잠자리를 같이하여 자기 아버지를 욕되게 하였으면 두 사람을 모두 죽여라. 그들은 죽어 마땅하다.

12 누가 자기 며느리와 잠자리를 같이하면 둘 다 죽여라. 그들은 서로 더럽혔으므로 죽어 마땅하다.

14 누구든지 어떤 여인과 그 여인의 어머니를 함께 데리고 살면서 더러운 짓을 하면 세 사람을 모두 불태워 죽이고 너희 가운데 다시는 그런 악한 일이 없도록 하라.

15 만일 남자가 짐승과 더러운 짓을 하면 그를 반드시 죽이고 그 짐승
도 죽일 것이며
16 또 여자가 짐승과 음란한 짓을 해도 그 여자와 짐승을 모두 죽여
라. 그들은 죽어 마땅하다.
17 의붓 누이이든 이복 누이이든 누구든지 자기 누이와 성관계를 하
면 그들을 대중 앞에 끌어내어 처형하라. 그들은 부끄러운 짓을 하
였으므로 벌을 받아 마땅하다.

살벌하지? 그 밑으로도 계속해서 어떤 섹스를 하면 죽이리라는, 007 살인 면허를 발급해주는 신의 명령이 쭉 나열돼. 야훼의 살인 목록에 적힌 항목이 대부분 근친상간이나 불륜에 대한 엄중한 경고니까 나도 딱히 태클 걸 생각은 없었어. 그런데 저 리스트를 읽다가 한 구절에서 식겁했어. 내가 나도 모르는 사이에 저 살인 목록에 올라가는 짓을 해버렸더라고!

18 만일 누가 생리 기간 중의 여자와 성관계를 하면 그들은 부정한 곳을
드러내었으므로 두 사람을 모두 그 백성 가운데서 제거해 버려라.

미안해. 남들은 결혼 2~3년만 지나도 가족끼린 그런 거 하는 게 아니라던데, 난 결혼 10년이 넘어가도록 단정한 치마를 입은 아내의 매끈한 다리나 앞치마 두르고 설거지하는 뒤태가 그렇게 예뻐 보일 수가 없어. 다행인지 아내도 배불뚝이 저질 몸매가 된 나를 어여삐 여겨주지. 가끔 아내와 잠자리를 할 때 생리가 시작

된 경우가 있어도 우리는 별로 신경 쓰지 않고 사랑을 나눴거든.

이런 젠장! 이 일로 아내와 내가 야훼의 살인 목록에 오를 줄 누가 알았겠어. 『성경전서 새번역』에 보면 이 부분이 좀더 자세하게 설명되어 있어.

남자가 월경을 하는 여자와 동침하여 그 여자의 몸을 범하면, 그는 그 여자의 피나는 샘을 범한 것이고, 그 여자도 자기의 피나는 샘을 열어 보인 것이므로, 둘 다 백성에게서 끊어지게 하여야 한다.

여자의 생리 기간은 다른 종교에서도 부정한 기간이라고 취급하는 경우가 흔하니까 기독교의 가르침만 탓할 생각은 없어. 고대인에게 여자의 생리는 더러운 것, 부정한 것이라는 인식이 보편적이었을 테니까. 의학 지식이 없는 고대인이 성기에서 피를 흘리는 여자는 더럽고 부정한 상태라고 인식하는 게 자연스러운 일이었을 거야. 실제로 위생 관념이 희박한 고대인이 생리 중인 여자와 섹스 했을 경우 세균에 노출되어 잡다한 병에 걸리는 일도 있었겠지. 그렇다고 해서 생리 자체를 부정한 것이라고 정죄하는 신의 시선이 옳다고 말할 수는 없잖아?

현대 의학을 통해 생리의 메커니즘이 밝혀진 뒤, 생리는 결코 더럽고 부정한 것이 아님을 누구나 알아. 물론 생리 기간 중의 섹스는 여러 가지 불편한 점도 있고, 여자 입장에서는 생리 기간의 몸 상태를 남자에게 보여주기 싫겠지. 하지만 의학적으로 생리 기간의 섹스가 문제 될 건 별로 없다는 게 정설이야. 생리 기간 중에는 여성의 질 내부가 민감해지기 때문에 격렬한 섹스는 피하고, 좀더 청결에 신경 써서 잘 씻으면 된다고.

재미있는 건 성경 속의 야훼께서는 그 사실을 몰랐다는 거야. 그래서 생리 중인 여자와 잠자리를 하는 건 부정한 짓이라고 정죄하고 살인 목록에 올렸지. 야훼는 왜 현대인들도 아는 간단한 의학 상식을 몰랐을까? 「성경 속의 차별」에서도 얘기했지만 이런 부분은 구약성경이 기록되던 시기에 고대인의 지식의 한계가 고스란히 신에게 반영된 모습이야.

기독교인은 무당이 액땜을 하기 위해 굿판을 벌이거나 부적을 써서 귀신을 쫓는 걸 보면서 미신이라고 생각할 거야. 그런데 그런 민간신앙보다 신기한(?) 가르침이 성경에 나온다는 걸 기독교은 아는지 모르겠어.

요즘 사회적으로 배우자의 불륜 때문에 가정 파탄에 이르는 경우를 종종 볼 수 있어. 「민수기」 5장에 보면 그런 배우자의 불륜을 검증할 수 있는 획기적인 가르침이 나와.

12 만일 어떤 사람의 아내가 간음하여

13 남편에게 탄로되지 않고 증인도 없으며 현장에서 잡히지도 않았지만

14 남편이 아내의 부정을 의심하거나 또 아내가 몸을 더럽히지 않았어도 그녀에 대하여 의심이 생기면

15 남편은 아내를 제사장에게 데리고 가서 그녀를 위해 보릿가루 2.2리터를 바쳐야 한다. 그러나 그 보릿가루에 기름을 붓거나 유향을

넣어서는 안 된다. 이것은 의심하는 남편이 사실을 밝히려고 드리
는 예물이기 때문이다.
16 제사장은 그 여자를 가까이 오게 하여 나 여호와 앞에 세우고
17 토기에 거룩한 물을 담아 거기에 성막 바닥의 티끌을 집어 넣어라.
18 그리고 그 여자의 머리를 풀게 한 후 그 예물을 손에 들게 하고 제
사장은 저주를 불러일으킬 쓴물을 들고
19 그녀에게 맹세하게 한 다음 이렇게 말하여라. 만일 당신이 간음하지
않았으면 저주를 불러일으킬 이 쓴물로 해를 입지 않을 것입니다.
20 그러나 만일 당신이 간음하였으면
21-22 저주를 불러일으킬 이 물이 당신의 몸에 들어가 배가 부어오르
고 당신의 하체가 썩어 문드러질 것입니다. 그러면 그 여자는
예, 그렇게 되게 하십시오 하고 말해야 한다.
23 그런 후에 제사장은 이 저주의 말을 두루마리에 기록하여 그것을
쓴물에 빨아
24 그 물을 그 여자에게 마시게 하라. 그녀가 죄를 지었다면 이 물이
그녀의 몸 속에 들어가 쓰라린 고통을 느끼게 할 것이다.
25 그러나 그 물을 먹이기 전에 제사장은 먼저 그 여자가 들고 있는
보릿가루 예물을 가져다가 나 여호와 앞에서 흔든 다음 제단으로
가지고 가서
26 예물 전체를 바쳤다는 뜻으로 그것을 한 움큼 집어 제단에서 태운
후에 그 물을 마시게 하라.
27 만일 그 여자가 자기 남편을 배신하고 간음하여 더러워졌다면 그
물이 뱃속에 들어갈 때 쓰라린 고통을 느끼게 될 것이며 그 배는

부어오르고 그녀의 하체는 썩어 문드러질 것이다. 그리고 그 여자
는 사람들 가운데 저줏거리가 될 것이다.
28 그러나 그 여자가 자신을 더럽히지 않았고 순결하다면 아무런 해
도 입지 않을 것이며 그녀는 임신할 수 있을 것이다.

이것은 아내가 다른 남자와 간통했는지 확인하는 방법을 자세히 기록한 내용이야. 바람피웠다고 의심되는 여자를 제사장에게 데려가면 제사장은 성전 바닥의 먼지를 한 움큼 집어서 물에 푼 다음 여자에게 먹이는 거야. 만약 여자가 바람피웠으면 그 물을 마시고 몸이 썩어 문드러질 거라는 얘기지.

아내를 간통죄로 고소한 기독교인 남편이 교회 바닥의 먼지를 물에 풀어서 먹인 다음 아내의 몸이 썩어 문드러지지 않으면 결백을 믿을까? 내가 볼 땐 무당이 써준 부적을 태운 재를 마셔서 액운을 물리치는 민간신앙이나 성전 바닥의 먼지 푼 물을 마시게 해서 간통한 여자를 판별하는 거나 별다를 게 없는데, 기독교인은 어떻게 생각할지 모르겠어.

물론 상당수 기독교인은 신약시대로 넘어오면서 예수로 인해 구약의 율법은 폐기됐다느니 하면서 생리 기간 중에 섹스를 해도 신의 살인 목록에 올라가지 않는다고 말할 거야. 간통한 여자를 판별할 때 교회 바닥의 먼지 푼 물을 먹이는 것도 구약시대에나 가능한 신의 은혜라고 말할지 모르지. 하지만 후대의 기독교인이 그런 말을 할까 봐 걱정되었는지 야훼는 「레위기」 20장 8절에 이런 가르침을 덧붙였어.

너희는 나의 모든 명령을 준수하라. 나는 너희를 거룩하게 하는 여호와이다.

그러니까 「레위기」 20장에 쭉 적어놓은 암살 리스트를 기억했다가 불륜을 해도 죽이고, 근친상간해도 죽이고, 짐승이랑 수간을 해도 죽이고, 생리 기간에 부부가 사랑을 나눠도 반드시 죽여야 한다는 얘기야. 이 살인 목록에 다음 구절이 나와.

누구든지 동성 연애를 하면 둘 다 죽여라. 그들은 추잡한 짓을 하였으므로 죽어 마땅하다.

현대에 이르러 동성애는 후천적인 취향과 선택의 문제가 아니라 바꾸려고 해도 바꿀 수 없는 선천적인 성향이라는 연구 결과가 속속 발표되고 있어. 후천적으로 동성애를 선택하는 사람들도 없진 않겠지만, 자신의 의지와 상관없이 태어날 때부터 동성애자로 살 수밖에 없는 사람들이 있다는 걸 현대 의학이 증명한다고. 적어도 동성애가 상담과 약물 치료를 통해 완치가 가능한 병이라고 여기던 시대는 종말을 고했단 말이야. 이 부분에 관련된 의학적인 자료는 '예상되는 질문에 대한 답'에서 다룰게.

이성애자 중에서 드라마에 나오는 멋진 남자 주인공의 초콜릿 복근을 보며 성욕을 느끼는 남자가 있을까? 적어도 나한텐 절대 불가능한 일이야. 난 여자가 좋아. 후천적인 선택의 결과가 아니라 난 그냥 이렇게 타고난 녀석이라고. 마찬가지로 게이는 여배

우의 섹시한 몸매를 봐도 아무 느낌이 생기지 않아. 선택의 문제가 아니라 그냥 그렇게 태어난 사람이지.

원산지인 중국에서도 폐기한 유교의 영향권에서 자유롭지 못한 우리나라에서 동성애자로 산다는 건 굉장히 힘겨운 일이야. 이 땅의 동성애자들은 어린 시절부터 자신의 성적 정체성 때문에 처절하게 고민하며 자란다고. 주위의 냉대와 차별, 더러운 것을 본 것처럼 피하거나 쳐 죽일 죄인 취급하는 기독교인의 시선 등을 감수하면서까지 일부러 동성을 사랑하는 성향을 선택할 사람이 얼마나 있을 것 같아?

동성애자라고 하면 일반인이 떠올리는 이미지는 대개 사극에 나오는 내시나 간드러진 목소리로 여자 흉내를 내는 징그러운 남자 혹은 에이즈에 걸려 죽음을 앞둔 병자의 모습일 거야. 동성애자와 인간 대 인간으로 만나 대화해보기도 전에 TV나 영화, 성경에 묘사된 그들의 나쁜 이미지를 그대로 받아들인 경우가 많다는 말이지. 그래서 동성애자들은 웃음거리가 되거나 더럽고 불결한 자들이라며 손가락질 당하기 일쑤지. 하지만 이건 사람들의 선입관일 뿐, 동성애자들은 성경에 묘사된 것처럼 사악하고 더러운 죄인이 아니야. 남들과 다른 자신의 모습 때문에 오히려 보통 사람들보다 삶에 대해 깊이 고민하고 살아온 진솔한 사람들이라고.

오해하지 마. 이 책은 동성애자의 인권 보호를 주제로 다룬 책이 아니야. 내 후배 중에 동성애자가 있고, 그 녀석이 죽을 만큼 괴로워하는 걸 옆에서 지켜봤기 때문에 이런 얘기를 하는 것뿐이야. 난 기독교인처럼 성적 소수자를 향해 손가락질하거나 강 건

너 불구경할 수 없다고.

내가 새벽 예배에 출근부 찍으며 열혈 신앙인으로 살아갈 때 아끼는 교회 후배가 있었는데, 이 녀석이 동성애자야. 후배는 자신의 성적 정체성 때문에 너무나 괴로워했고, 억지로라도 이성을 사랑해보려고 몸부림쳤지. 하지만 녀석에겐 불가능한 일이었어. 결국 교회에 동성애자라는 소문이 퍼지면서 후배는 몇 차례나 자살을 기도했어. 신께 기도祈禱하는 마음으로 자살을 기도企圖한 후배는 지금 교회를 떠나 나처럼 무신론자의 길을 걷고 있어. 난 그 과정을 지켜보며 동성애가 본인이 선택할 수 있는 문제라면 녀석이 자살까지 시도해가며 괴로워할까 싶었지.

동성애가 상담과 약물 치료를 통해 완치가 가능한 병이라고 하는 기독교인도 있던데, 난 그런 주장에 담긴 인간에 대한 차별과 폭력성에 분노를 느끼는 사람이야. 그런 주장을 하는 건 문명화된 사회에서 '나 무식합니다' 라고 광고하는 것과 같아. 미국심리학회와 정신의학회, 상담학회는 "동성애는 정신병이 아니기 때문에 전환할 필요가 없다"고 명확히 밝히고 있어. 그런데도 성경에서 야훼는 동성애를 반드시 죽여야 할 죄악으로 취급하지.

상식이 있는 사람이라면 장애아가 태어났을 때 아이를 탓하지 않아. 장애아를 둔 부모는 자신 때문이 아닌가 싶어 평생 아이에게 미안한 마음으로 산다고. 이게 보편적인 윤리관과 상식이 있는 사람들의 삶이야.

마찬가지로 대다수 동성애자는 선천적으로 타고나는 거야. 그런데 동성애자를 향해 죄인이라고 손가락질하는 것도 모자라 반드시 죽여야 하는 살인 목록에 올리다니! 동성애가 죄라면 그 죄의 책임은 신에게 물어야 해. 동성애자를 장애인이라고 표현한 건 아니야. 선천적인 문제라는 측면에서 예를 들었을 뿐이니 성적 소수자들은 상처 받지 말았으면 좋겠어.

내가 동성애에 대한 기독교의 차별적이고 폭력적인 견해를 비판했을 때 조금 진보적인 기독교인이 들고 나오는 반론은 대개 이런 거야. 성경에서 동성애를 죄악시하는 건 이스라엘 민족에게 영적인 타락을 경계하라는 의미지, 단순히 남자끼리 섹스 하는 행위를 지칭하는 게 아니라는 해석. 그야말로 꿈보다 해몽이야. 구약시대에 유대인 중엔 야훼 말고도 바알이라는 우상을 섬기는 자들이 있었는데, 바알에게 어린 사내아이들을 제물로 바쳤대. 그때 제사장들은 나무로 깎은 바알의 형상과 동성애를 연상케 하는 행위를 하며 바알을 숭배했다고 전해지거든. 그러니까 「레위기」에 언급된 동성애는 평범한 유대인을 향한 경고가 아니라 바알을 섬기던 제사장들을 향한 저주의 경고라는 게 올바른 해석이라고 주장하는 신학자들이 있다는 얘기야.

그런데 며느리랑 섹스 하면 죽이고, 계모랑 섹스 하면 죽이고, 이모나 고모랑 섹스 하면 죽이고, 누이랑 섹스 하면 죽이고, 짐승이랑 섹스 하면 죽이고…. 이 살인 목록의 한 항목인 동성애만 앞뒤 문맥과 상관없이 영적인 타락으로 보는 게 정말 올바른 성경 해석일까? 기독교인은 항상 "성경은 한 구절만 볼 게 아니라 앞뒤 문맥을 살펴서 해석해야 한다"고 말하잖아. 「레위기」 20장 전체를 놓고 볼 때 저 목록에 있는 행위들은 섹스 할 때 절대로 해서는 안 되는 쳐 죽일 죄고, 동성애도 그런 죄 가운데 하나니까 절대로 하지 말라고 해석하는 게 훨씬 자연스럽잖아? 동성애를 금지한 「레위기」 20장 13절의 내용이 『성경전서 개역한글판』에는 다음과 같이 나와.

누구든지 여인과 교합하듯 남자와 교합하면 둘 다 가증한 일을 행함인즉 반드시 죽일찌니 그 피가 자기에게로 돌아가리라

어떻게 하면 저 구절이 바알에게 엉덩이를 들이댄 제사장을 경고하기 위한 것이라고 해석되는 거야? 구약의 내용이 워낙 과격하다 보니 꿈보다 좋은 해몽을 시도하려고 애쓰는 기독교인을 많이 보는데, 그건 오히려 신의 가르침을 왜곡할 위험이 다분해.

교과서에 실린 시를 쓴 시인의 이야기를 읽은 적이 있어. 자신의 시에 대해 학생들이 푸는 문제를 자신도 풀어봤는데 틀렸다는 웃긴 얘기야. 자기가 쓴 시를 멋대로 해석해서 시인이 의도하지도 않은 해석을 정답이라고 가르치는 선생들을 보며 그 시인은 무슨 생각을 했을까? 야훼가 현대 신학자들과 목사들의 성경 해석을 듣는다면 그 시인의 심정과 다르지 않을 걸.

그래도 「레위기」 20장 중반 이후의 내용이 영적인 타락을 경계하기 위한 거라고 해석한다거나 성경 전체를 놓고 보면 해석이 달라진다고 주장한다면 내가 물어볼게. 생리 중인 아내랑 섹스하는 게 영적인 타락하고 무슨 상관이 있다는 거야? 설마 진짜 여자가 생리 기간에는 영적으로 부정한 악령의 지배를 받는다고

이 내용은 신약성경을 절반 가까이 저술한 사도(예수의 제자) 바울이 동성애에 관해 언급한 내용이야. 그는 「고린도전서」 6장에서 더 강하게 동성애를 저주하지.

9 여러분은 불의한 자들이 하나님 나라를 기업으로 상속 받지 못한다
는 사실을 알지 못하십니까? 속지 마십시오. 음행하는 사람이나, 우
상 숭배하는 사람이나, 간음하는 사람이나, 남자로서 몸을 파는 사
람이나, 동성 연애를 하는 사람이나,
10 도적질하는 사람이나, 탐욕이 가득한 사람이나, 술에 젖어 사는 사
람이나, 모함하는 사람이나 약탈하는 자들은 하나님의 나라를 기
업으로 상속 받지 못할 것입니다.

여기서 하나님 나라를 상속하지 못한다는 것은 천국에 들어갈 수 없다는 뜻이야. 한마디로 구원 받지 못할 죄인이란 얘기지. 결국 동성애자는 신구약을 막론하고 반드시 죽여야 할 죄인이나 구원 받지 못할 자로 낙인찍혔다는 거야.

물론 우리 주변에서 벌어지는 동성애자에 대한 차별이 모두 성경의 가르침 때문이라고 생각진 않아. 무신론자나 다른 종교인 중에서도 동성애자를 차별하는 사람은 많으니까. 그건 자신이 이해할 수 없는 타인에 대한 본능적인 거부감이기도 하지. 하지만 현대의 평범한 사람들은 대부분 자신과 다르다는 이유로 남을 차별하는 게 옳지 않다는 걸 알아. 속으론 어떻게 생각하든 겉으론 그런 차별을 드러내지 않으려고 애쓰지. 흑인을 보고 '더러운 깜

둥이 새끼'라고 입 밖에 내는 사람이 있다면 몰상식한 인간이라고 욕먹을 각오를 해야 해.

그런데 그런 차별에 정당성이 부여되면 얘기가 달라지지. 성경에 기록된 야훼의 뜻에 따르면 동성애자는 반드시 죽여야 할 죄인이고, 절대로 구원 받지 못하는 죄인이야. 자신들이 갖던 거부감과 차별에 근거가 생긴 셈이지. 그래서 신의 뜻에 따라 차별을 행동에 옮겨도 아무런 양심의 거리낌이 없어.

믿기지 않겠지만 전체 인구의 70%가 기독교인(가톨릭+개신교+성공회)인 우간다에서는 동성애가 불법으로 규정되어 최악의 경우 사형까지 가능해. 2010년 현재 동성애자를 더욱 가혹하게 처벌할 수 있는 법안을 마련 중이지. 새롭게 도입되는 법안은 그 처벌을 대폭 강화해서 상습적인 동성애자, 에이즈 바이러스HIV 보균자, 동성의 미성년자를 성폭행한 자는 무조건 사형에 처한다는 내용을 담고 있어. 게다가 가족이나 친구가 동성애자인 것을 알고도 신고하지 않은 사람까지 징역 3~7년형을 구형할 수 있는 조항이 포함되지.

우간다에서 이런 차별과 폭력이 합법적으로 행해질 수 있는 유일한 근거는 성경의 가르침이야. 자타가 공인하는 독실한 기독교인으로 알려진 무세베니 대통령과 기독교인의 지지를 통해 이런 폭력적인 법안이 세상에 나올 수 있었어. 더 웃긴 건 이 법안을 추진 중인 무세베니 대통령이 헌법까지 멋대로 개정해서 수십 년째 권력을 움켜잡고, 그 와중에 자신을 반대하는 아촐리족 200만 명을 강제수용소에 몰아넣은 독재자란 거야. 이게 현재 지구상에서 벌어지는 일이라고.

난 사랑하는 남녀가 생리 기간에 섹스를 했다고 해서 죽어야 할 까닭을 알지 못해. 동성애자는 왜 반드시 죽여야 한다고 가르쳐서 우간다에 저런 차별과 끔찍한 폭력이 신의 이름으로 행해질 수 있는지 도저히 이해할 수 없어. 그리고 그런 명령을 내린 야훼를 사랑의 신이라고 찬양하는 일은 나에게 너무나 어려웠지. 내가 교회를 떠난 건 그런 모순과 갈등 때문이야.

유대교를 믿는 유대인은 성경 외에도 『탈무드』라는 경전을 구체적인 삶의 지침서로 삼아. 『탈무드』 트락타트 니다 31b에 보면 섹스 할 때 남자는 얼굴을 아래로 하고 여자는 위로해야 하는 이유가 나오지. 남자는 자신이 창조된 땅을 보고 여자는 자신이 창조된 곳, 즉 남자의 갈빗대를 봐야 한다는 것. 그러니까 신의 섭리에 따라 유대인은 한 체위만 이용해 사랑을 나눠야 한다는 이야기야. 불쌍한 근본주의 유대인을 위해 잠시 묵념. 도대체 신은 왜 사랑하는 남녀의 침대 속까지 들어와 간섭하는 걸까? 합법적으로 결혼한 부부의 성생활을 왜 신에게 간섭 받아야 하는지, 거기다가 구체적으로 체위까지 지정해주면서 이 체위는 되고 저 체위는 안 되고…. 그런 식으로 인간에게 죄책감을 심어주는 것이 과연 신의 사랑일까?

내 글에 신학적으로 심오한 해석을 제시하며 반박할 기독교인이 많겠지만 한번 생각해보라고. 현대인보다 교육 수준이 한참 낮을 수밖에 없는 구약시대의 유목 민족인 유대인이 그렇게 심오하고 어려운 성경 해석을 통해 신의 말씀을 받아들였을까? 당시 유대인은 생리 중인 아내와 사랑을 하면 죽을죄라고 받아들였고, 동성애자는 신의 명령에 따라 죽이던 사람들이야. 이건 성경 해석을 어떻게 하느냐의 문제가 아니라 실제로 그런 살인 목록을 적어주며 반드시 지키라고 명령한 신 혹은 신을 빙자해 백성을 세뇌한 성경 시대의 기득권층에게 책임이 있는 문제란 말이야.

종교가 인류의 물질문명을 이끌어갈 순 없어. 종교가 그 가치를 인정받으려면 인간의 윤리관을 이끌어가는 존재가 되어야 해. 시대에 따라 인간의 가치관과 윤리관은 바뀔 수 있지만, 종교는 그런 인간의 윤리관을 이끌어가는 기준점이 되어야 한다는 얘기야. 그런데 종교가 오히려 발전하는 인간의 이성과 윤리관의 발목을 잡으면 안 되지 않을까?

Q 전 기독교인이지만 동성애가 죄가 아니라고 생각하는데요?

A 그렇다면 당신은 교회에서 이단(구원 받지 못함)으로 낙인찍힐 확률이 높습니다. 기독교의 공식적인 입장은 여전히 '동성애=죄악' 이란 것입니다.

Q 동성애자들 때문에 에이즈 같은 질병이 전파되니까 죄인이 맞지 않나요?

A 초기 에이즈는 HIV의 확산 경로와 특성을 제대로 파악하지 못한 상태에서 급속도로 확산되었습니다. 그러나 현재는 콘돔을 사용함으로써 에이즈를 예방할 수 있다는 사실을 누구나 알죠. 동성애자끼리도 그런 부분을 매우 조심스럽게 접근하겠지요.

일반인은 동성애자라고 하면 그들의 섹스 형태를 떠올리며 더럽다고 손가락질하거나 비웃는 경우가 많습니다. 하지만 동성애자도 정신적인 사랑을 합니다. 동성애자는 정신적인 교감 없이 그저 동성끼리 섹스의 쾌감만 즐길 거라고 여기는 것은 선입관입니다.

같은 의미로 동성애는 에이즈를 확산시키니까 죄악이라고 말한다면 문제의 본질을 흐리는 선입관이라고 생각합니다. 인류 역사상 독감으로 죽은 사람은 수억 명이 넘습니다. 의학이 발달한 현대에도 매년 수천 명이 독감으로 죽어가고, 과거엔 일시에 수천만 명이 유행성 독감으로 죽어간 일들이 역사에 기록되었습니다. 1918년에 발생한 스페인 독감만 해도 사망자가 5000만 명에 이르렀으니까요.

그렇다고 해서 사람과 만나고, 감기 바이러스가 묻었을지 모르는 손으로 악수를 하고, 사랑스런 자녀와 뽀뽀하고, 배우자와 섹스 하는 것이 죄악은 아닙니다. 독감을 옮기는 것은 사람과 스킨십을 함으로써 일어나는 부작용이지, 스킨십 자체가 죄악이라고 할 순 없지 않습니까?

에이즈의 감염 경로가 밝혀지고 예방법이 보급된 지금,

동성애는 타인에게 해악을 끼치지 않습니다. 동성애를 더럽고 추한 것으로 인식하는 사람들의 눈을 찌푸리게 할 뿐이죠. 동성애자의 범죄율이 평범한 이성애자보다 높다는 통계는 어디에도 없습니다. 꼴 보기 싫으니 동성애를 하지 말라는 건 동성애자의 문제가 아니라 그런 시선을 가진 사람의 문제입니다. 생리 중인 아내와 섹스를 하면 죽여야 한다는 가르침이 현대엔 폐기된 구약의 율법이라면, 동성애자를 죽여야 한다고 죄악시하는 가르침도 마땅히 폐기되어야 하지 않을까요?

Q 동성애가 선천적인 것이라는 의학적인 연구 결과가 있습니까?

A XYY 증후군이란 유전 질환이 있습니다. 일명 제이콥스 증후군Jacob's Syndrome이라고도 합니다. XYY 증후군을 앓는 남자들은 염색체가 46개(23쌍)가 아니라 성염색체에 Y가 하나 추가돼서 47개(XYY 형태)입니다. 이들은 초남성화超男性化 경향을 띠고, 키가 평균보다 7cm 이상 큰 편입니다. 500명에 한 명꼴로 태어난다니 그렇게 희귀하다고 할 수도 없습니다. 이들의 특징 중 하나가 동성애를 선호하는 경향이 있다는 겁니다. XYY 증후군을 앓는 사람들이 모두 동성애자는 아니지만 XYY 증후군만으로도 동성애자가 될 확률이 확연히 높아진다면, 이 경우 동성애가 선천적인 영향에서 자유롭다고 할 순 없겠죠?

그리고 의학적인 분류로는 동성애자라고 할 수 없을지 몰라도 일반인들이 보기엔 동성애자처럼 여겨지는 사람들이 있습니다. IS Inter Sexual, 우리말로는 반음양半陰陽 혹은 양성구유兩性具有, 남녀추니라고 불리는 선천적인 기형입니다. IS로 태어난 사람은 크게 세 가지 유형으로 나뉩니다. 정소와 난소가 모두 있거나, 정소가 있는데 외부로 여성 성기가 드러나거나, 난소가 있는데 외부로 남성 성기가 드러난 경우죠.

둘째와 셋째 케이스에 해당하는 IS는 몸 밖으로 드러난 생식기 형태만 보고 성별을 판별해서 출생신고를 하고, 성인이 될 때까지 자신이 IS임을 자각하지 못하는 경우도 있습니다. 이 경우 겉모습은 남자지만 갸녀린 체구와 여성스러운 목소리로 '계집애 같다'는 놀림을 받으면서 자라고, 여자는 그 반대의 일을 겪습니다. 그리고 생식기를 기준으로 하는 호적상 성별로 동성에게 마음이 끌리며 괴롭게 살아갑니다.

우리나라에선 사방지舍方知라는 인물이 조선 초기에 여장을 하고 여인과 음행을 저질러 사헌부에 피소된 기록이 있는데, 승정원에선 사방지의 몸을 조사한 결과 그가 남자도 여자도 아닌 자라 하여 난감해했다고 합니다. 이런 얘기를 하면 IS가 소설이나 영화에 나오는 괴물 같은 존재라고 여길 분들이 있을지도 모르겠습니다. 그러나 통계에 따르면 IS는 2000명에 한 명꼴로 태어납니다.

흔하다고는 할 수 없지만 그렇다고 무시할 수 있는 숫자도 아닌데, 왜 보통 사람들은 주변에서 IS를 볼 수가 없을까요? 그건 IS들이 자기 성을 숨긴 채 남자나 여자 중 어느 한 쪽을 흉내 내며 살기 때문입니다. IS는 대부분 유아기에 의사나 부모의 판단으로 남자와 여자 중 한쪽을 흉내 내도록 치료를 받습니다. 그리고 생식기능이 없어서 아이를 낳지 못하고 평생 호르몬 치료를 받으며 사는 경우가 많습니다.

문제는 유아기에 의사나 부모의 판단에 따라 어느 한쪽 성으로 자라도록 치료(혹은 수술) 받은 IS들이 성장 후엔 자신을 반대 성별로 인식하는 경우가 적지 않다는 겁니다. 그러니까 남자의 성기가 있고 호르몬 투약으로 인해 수염도 나서 겉모습은 남자와 다름없지만, 자신의 몸에서 도려낸 여성성이 오히려 그의 본모습에 가까웠던 거죠. IS 중에는 남자에 가까운 성향을 띠는 사람도 있고 여자에 가까운 성향을 띠는 사람도 있지만, 정확하게 말하면 이들은 남자도 여자도 아닌 제3의 성을 가진 사람들입니다. 그들은 몸속에 남성성과 여성성이 모두 있기 때문에 자신을 특정한 성별로 규정짓는 데 거부감을 보이는 경우가 많습니다.

우리나라에만 IS가 2만 5000명 정도 있습니다. 그들 중엔 겉으로 보이는 모습이나 호적상 남자지만, 여자를 사랑할 수 없는 사람들이 있습니다. 그 반대 경우도 있고요. 이들은 일반인에게 '동성애자'로 분류됩니다. 물론 IS가 모두 동성애자는 아니지만, 상당수가 일반인이 보기엔 동성애자로 분류될 수밖에 없습니다. 전 세계 인구가 70억 명에 가까우니 통계적으로 따져볼 때 IS의 숫자는 350만 명가량 됩니다. 성경에서 출애굽 당시 이스라엘 백성과 비교해도 두 배나 많은 숫자죠. 「성性스러운 성경 B」에서 다시 거론하겠지만 한 생명을 천하보다 귀히 여긴다던 하나님은 왜 350만 명에 이르는 사람들을 태어나면서부터 죄인이라고 낙인찍었을까요?

IS가 태어나는 원인은 아직 정확히 밝혀지지 않았으며, 유전자 변이나 호르몬 분비 이상으로 발생하는 기형일 것이라고 추측할 뿐입니다. IS는 스스로 선택한 것이 아니라 (정말 신이 있다면) 신의 뜻대로 창조된 사람들입니다. 자신이 창조한 장애인을 향해 반드시 죽여야 할 죄인 혹은 구원 받지 못할 죄인이라고 가르치는 사랑의 하나님을 여러분은 어떻게 바라보시나요? 성경에서 IS를 죄인이라고 말한 적이 없다고 하실지 모르지만, 성기가 기형인 채로 태어난 사람을 야훼는 분명히 차별하고 성전에 들어오지 못하도록 했다는 것을 기억하시기 바랍니다.

IS에게 가장 힘겨운 것은 세상의 차별입니다. 자신을 괴물 바라보듯 하는 타인의 시선에 그들은 어쩔 수 없이 남자나 여자 어느 한쪽의 성을 흉내 내며 살아갑니다. 그런데 성경은 그런 차별이 당연하다고 가르칩니다.

성스러운
性
성경
B

출산을 목적으로 하지 않는 섹스는 죄일까?

아직도 못다 한 이야기가 있느냐고 시비 걸 사람들도 있겠지만, 성경의 성 이야기만 해도 3박 4일은 떠들 수 있을 거야. 동성애는 현대 기독교 내부에서 많이 논의되는 문제니까 이번엔 다른 이야기를 해볼게. 다음은 「신명기」 23장 2절 말씀이야.

불알이 터진 사람이나 자지가 잘린 사람은 야훼의 대회에 참석하지 못한다.

야훼의 저 명령은 사고나 전쟁 중의 부상 혹은 선천적인 기형 등으로 성기가 온전치 못한 남자는 하나님 앞에 나오지 말라는 얘기지. 설마 성경에 저런 이야기가 있겠느냐고 되묻는 사람들은 인터넷 성경 검색 서비스를 이용해봐. 근엄한 고어체를 사용하는 『성경전서 개역개정판』에는 "고환이 상한 자나 음경이 잘린 자는 여호와의 총회에 들어오지 못하리라"고 적어놨지만, 앞서 적은

『공동번역성서 개정판』의 문구가 피부에 와 닿는 설명이야.

대다수 한국 기독교인은 성경을 일점일획도 오류가 없고, 하나님의 감동으로 기록된 신성한 책으로 여겨. 그런 기독교인한테 고추에 손상을 입은 남자는 예배에 나오지 못한다는 신의 가르침은 구약시대뿐만 아니라 현대에도 반드시 지켜야 할 지엄한 명령이지. 남자의 고추 상태까지 세세하게 지목하면서 경고의 메시지를 전한 야훼의 모습을 보며 난 사랑의 하나님이라고 고백하기가 참 힘들더라.

저건 누가 봐도 장애인은 하나님 앞에 나오지 말라는 말이잖아. 아니면 다른 신체 부위의 장애와 달리 남자의 고추는 영적으로 중요한 부위라고 해석해야 할까? 그거야말로 (기독교인이 우습게보는) 남근숭배 사상에 젖은 사이비 종교에서나 주장하는 거잖아. 「신명기」 23장을 계속 읽어봐.

10 밤 사이에 몽정을 하여 부정하게 된 사람은 진 밖으로 나가서 돌아오지 마시오.

11 그러나 저녁이 되면 물로 몸을 씻고, 해가 지면 진으로 돌아올 수 있소.

남자들의 자연스러운 생리 현상인 몽정을 할 경우 부정 탄 놈이니까 하나님 가까이에 오지도 말란 얘기야. 저녁이 될 때까지 온종일 몽정한 고추를 박박 문질러 닦으면서 반성하고, 해가 지면 돌아오라는 가르침이지. 우리는 굳이 프로이트의 『꿈의 해석』

을 들먹이지 않아도 꿈이 자신의 의지대로 그날 상영할 내용을 선택할 수 있는 게 아니란 걸 알아. 성교육 전문가 구성애 씨의 표현을 빌리면 걸어 다니는 시한폭탄 같은, '나를 키운 건 8할이 자위행위였소' 라고 고백하는 10대 청소년에게 몽정은 지극히 자연스러운 일이야. 자신의 의지로 조절할 수 있는 일도 아니지. 이것도 앞서 이야기한 동성애 문제와 연결되지만, 야훼는 왜 인간 스스로 선택할 수 없는 일을 죄라고 꾸짖을까?

조금 과한 주장이지만 난 타인에게 피해를 끼치지 않는 범위라면 개인의 성적 취향이 죄악이라고 손가락질 받아선 안 된다고 생각하는 사람이야. 내가 이 글을 온라인에 연재할 때 어느 기독교인이 이런 질문을 했어.

'만약 당신의 자식이 동성애자라고 커밍아웃 했을 때 당신은 부모 된 입장에서 자식을 어떻게든 이성애자로 돌이키지 않을 것이라고 자신할 수 있는가?'

나는 두 아이를 키우는 아빠로서 이 질문에 대한 내 입장을 분명히 밝힐 수 있어. 내 아이가 후천적으로 동성애를 택했다면 안타깝게 여길 테고, 이성애자가 될 순 없는지 권면 정도는 해볼 거야. 여기서 말하는 안타까움은 동성애를 선택함으로써 내 아이가 이 땅에서 감내해야 할 차별과 편견 때문이야. 그런 사회의 차별을 각오할 만큼 확고한 선택인지 다시 한번 생각해보라고 몇 차례 권면하겠지. 하지만 자식을 집에서 쫓아내거나 정죄할 일은 절대로 없어. 그리고 내 아이가 선천적인 동성애자라면 결코 그 아이를 돌이키려고 하지 않을 거야. 세상 사람들이 모두 손가락질해도 난 아이의 편이 되어줄 거라고. 모든 사람들이 손가락질 하며 차별하고 신마저 반드시 죽여야 할 죄인이라고 정죄해서 아이가 벼랑 끝에 선 심정일 때, 내가 어떻게 '너는 잘못됐다' 고 말하며 벼랑 아래로 떠미는 짓을 할 수 있겠어?

「요한복음」 9장에서 예수의 제자들은 장애인이 누구의 죄로 인해 그렇게 태어났는지 스승에게 질문하지.

1 예수께서 길을 가시다가 태어나면서부터 눈먼 소경을 만나셨는데
2 제자들이 예수께 선생님, 저 사람이 소경으로 태어난 것은 누구의 죄입니까? 자기 죄입니까? 그 부모의 죄입니까? 하고 물었다.
3 예수께서는 이렇게 대답하셨다. 자기 죄 탓도 아니고 부모의 죄 탓도 아니다. 다만 저 사람에게서 하느님의 놀라운 일을 드러내기 위한 것이다.

이렇게 대답한 예수는 소경의 눈을 뜨게 하는 기적을 보여줘. 예수의 가르침에 따르면 그 소경은 야훼의 영광을 드러내기 위해 태어나면서부터 수십 년을 소경으로 살아온 거야. 나는 내가 잘났다는 걸 자랑하기 위해 자식을 고통 속에 몰아넣을 생각은 꿈에도 못 해. 나뿐만 아니라 자식을 기르는 부모라면 누구라도 그럴 거야. 하지만 야훼는 자신의 영광을 위해 '천하보다 귀한 생명' 을 장기판의 졸로 사용한 거야. 난 그런 신을 도저히 받아들일 수 없어서 무신론자가 됐고, 기독교인이 저런 신의 모습에서도 사랑의 하나님을 발견하는 걸 이해하기 어려워.

그나마 성경에서 예수를 만난 그 소경은 눈이라도 떴지만, 전 세계 350만 명에 이르는 IS는 '불알이 터진 사람이나 자지가 잘린 사람은 야훼의 대회에 참석하지 못한다' 는 가르침에 따라 신에게 예배조차 드릴 수 없는 자들로 낙인찍혔어. 신은 그중에 호적상 자신과 동성인 사람들을 사랑하는 IS를 다른 사람들에게 '반드시 죽여야 할 죄인' 이라고 가르치지.

이런 얘기 하면 또 버럭 화낼 사람들도 있을 거야. 성경에 그런 차별이 기록되었다고 해서 실제로 교회가 IS인 사람들을 죽이거나 교회에 들어오지 못하게 막는 거 봤느냐고 따지겠지. 그런데 굳이 우간다의 예를 들지 않더라도 성경에 기록된 신의 가르침은 성적 소수자들에게 씻을 수 없는 상처를 주게 마련이야. 그들은 자신이 신에게서 버림 받았다고 생각하거든. 마치 『세조실록』에 기록된 사방지에 대한 사람들의 시선처럼 말이야.

이 사람은 인류人類가 아니다. 마땅히 모든 원예遠裔와 떨어지고 나라 안에서 함께 할 수가 없으니…

『세조실록』 42권, 13년(1467) 4월 5일

500여 년 전 조선 시대 사람들이 IS를 인간이 아니라고 차별한 것처럼, 야훼 앞에서 IS는 사랑하는 자녀가 아니라 구원 받지 못할 죄인이야. 자신의 선택이 아니라 장애인으로 태어난 생명을 죄인이라고 부르는 신의 모습을 잘 기억해둬. 그게 기독교인이 믿는 신의 성품이니까.

성경이 기록되던 시기에 결혼이란 신이 선택한 이스라엘 민족이 끊어지지 않게 하는 역할이 컸겠지. 그래서 생리 중의 섹스나 자위행위, 몽정, 동성애자에 대한 금기가 필요했을 테고. 그것을 지금도 올바른 가치관이라고 여길 수는 없잖아. 인간이 단지 아이를 낳기 위해 결혼하는 게 아니듯이.

「성性스러운 성경 A」에서 우리는 신이 금지한 섹스에 대해 살펴봤어. 그런데 자신의 의지로 거부하는 섹스 행위에 대해 저주를 내리는 신의 모습이 성경에 나오기도 해. 「창세기」 38장에 등장하는 오난이 바로 그 비극의 주인공이야.

남아 선호 사상이 뿌리 깊고, 장자에 대한 우선권을 무척이나 중요시하던 유대인에겐 형사취수兄死取嫂 제도가 있었어. 대를 이을 자식을 낳지 못하고 죽은 형이 있으면 그 동생이 형수와 잠자리를 해서 대를 잇도록 하는 제도지. 「레위기」 20장에선 형제의 아내랑 자는 놈은 다 죽여버리라고 명령한 신이 남편 잃고 애도 못 낳은 여자가 대를 이를 수 있도록 하는 섹스는 예외적으로 인정해준 거야.

장남(엘)이 하나님한테 밉보여 자식 없이 죽으니까 아버지(유다)는 차남(오난)에게 큰며느리(다말)와 잠자리를 해서 장남의 대를 이으라고 명령했어. 그런데 오난은 형수가 자기 아이를 낳는 게 싫었지. 성경의 설명에 따르면 형수랑 잠자리를 해서 애를 낳아도 그 아이는 자기 족보에 들어가지 못하고 형의 아들이 되니까, 오난은 그런 자식을 낳기 위한 종마가 되기 싫었던 모양이야. 오난은 형수랑 잠자리를 하되, 꾀를 부려서 사정하는 순간 잽싸게 고추를 꺼내 땅바닥에 사정을 했어. 사랑의 하나님은 당연히, 기대를 저버리지 않고 잔머리를 굴린 오난도 죽였지. 남편을 둘이나 잃은 다말은 나중에 시아버지를 속여 잠자리한 뒤 아이를 낳는데, 그 아이의 후손에게서 예수그리스도가 태어나.

신의 잔인함을 비판하는 건 끝도 없으니까 이 사건을 좀 다른 시각에서 얘기해볼게. 「창세기」 38장은 현대인의 이성과 가치관으로 볼 때도 받아들이기 어려운 근친상간을 다루지만, 내가 주목하는 건 오난을 죽인 신에게 어떤 당위성이 있는가 하는 점이야.

우리는 구약시대부터 수천 년이 지난 시대에 살고 있어. 구약시대에 적용된 신의 가르침은 수천 년 세월을 뛰어넘어 현대인에게 어떤 가르침을 줄 수 있을까? 형사취수 제도가 오난이 살던 시대엔 당연한 관습이었으니까 신이 아름다운 관습을 지켜나갈 수 있도록 도와줬다고 해석하는 게 맞느냔 말이지. 설사 그게 오난이 살던 시대의 문화고 관습이라 해도 그것을 어긴 사람을 직접 죽이는 신의 모습을 본다면 관습법이 아니라 신이 직접 나서서 명령한 제도라고 해석하는 게 맞지 않겠어?

전에는 A라는 행위를 쳐 죽일 죄라고 가르치던 야훼가 어느 순간 '이제 A는 죄가 아니다' 라고 말한다면 신의 정체성이란 측면에서 꽤나 심각한 문제가 아닐 수 없어. 많은 기독교인이 성경은 그 시대의 상황을 이해하고 해석해야 한다고 말하잖아. 하지만 신이 존재한다면 시대를 뛰어넘는 변치 않고 한결같은 윤리관이 있어야 하지 않을까? 인간은 수천 년 역사를 통해 시행착오를 거치며 이성적인 사고와 자유, 인권, 윤리의 가치를 조금씩 습득해

왔지만, 신이라면 태초부터 우주가 사라질 그날까지 변치 않는 가르침이 있어야 하잖아.

인간이 신을 만들어낸 것이 아니라면 어째서 신은 딱 성경이 기록되던 시대 인간들의 지적·문화적·윤리적 수준밖에 보여주지 못하는 거냐고 내가 몇 차례나 질문했지? 인간의 문명과 이성, 인권 의식, 윤리가 발전함에 따라 신이 자신의 가치와 윤리를 뒤집는다면 인간은 신에게서 무엇을 배울 수 있을까?

난 전지전능한 신이 상대성이론이나 페르미 함수를 이해하지 못한다고 해도 그걸 문제 삼고 싶지 않아. 종교에서 과학의 정의를 찾겠다는 사람은 없으니까. 하지만 윤리에 관한 문제라면 얘기가 달라져. 종교는 그 종교를 믿는 이들에게 세상을 살아가는 지침서고 나침반이잖아. 그 나침반이 구약시대엔 북쪽을 가리키고 신약시대엔 남쪽을 가리켰다가 현대엔 서쪽을 가리킨다면, 신의 정체성에 대해 심각하게 고민해봐야 하지 않겠어? 신은 어쩌다가 윤리관마저 인간들의 발전을 숨차게 쫓아와야 하는 처량한 존재가 되었을까?

Q 동성애자는 가족의 가치를 깨는 사람들이니까 사회가 그들을 가족제도의 틀에서 보호해줄 필요는 없지 않나요?

A 실제로 기독교인이 아닌데도 동성애자를 터부로 여기는 사람들이 있습니다. 그들 중엔 질문자처럼 동성애자가 가족이란 가치를 깨고 아이를 낳지 않기 때문에 반대한다고 이야기하는 사람도 있습니다.

그런데 생각해보세요. 우리나라는 성전환 수술을 해서 성별을 바꾸기 전엔 동성애자 커플이 혼인신고를 할 수 없습니다. 하지만 법적으로 인정받지 못하는 동성애자 부부도 아이를 원하는 경우가 많죠. 불임 부부와 마찬가지로 애를 낳고 싶어도 낳지 못하는 그들을 가족제도에 포용할 수 없다는 건 자신들이 이해할 수 없고 보기 싫다는 이유로 타인의 인권을 억압한다는 이야기와 다르지 않습니다.

동성애자 커플은 혼인신고를 할 수 없으니, 어느 한쪽이 뇌졸중으로 쓰러져 병원에 가도 배우자의 법적인 보호자 역할을 못 합니다. 당장 긴급한 수술이 필요한 상황에서 수술 동의도 해줄 수 없다는 이야기입니다. 갑작스런 사고를 당해서 어느 한쪽이 사망할 경우에도 동성애자 배우자에게 보상금이 지급되지 않고요.

과연 이렇게 동성애자를 차별하는 것이 옳은지, 이것이 신의 가르침에서 마땅한지 생각해볼 필요가 있습니다. 저는 그런 차별에 반대합니다.

Q 동성애자에 대한 당신의 견해에 공감합니다만, 기독교인으로서 동성애에 대한 신의 가르침을 따르는 것은 당연한 일

이라 생각합니다. 그리고 동성애를 좋지 않게 보는 것도 개인의 자유 아닌가요?

A 이런 예를 들어보면 어떨까요. 우리나라에서도 이슬람교도의 숫자가 상당히 늘어나는 추세인데, 어느 순간 이슬람교도의 세력이 국민의 다수를 차지해서 우리나라가 이슬람교 국가가 되었다고 가정해보죠. 당신은 여전히 기독교인이니까 이슬람교의 계율을 따르지 않습니다. 그런데 어느 날 당신이 돼지고기를 먹었다는 이유로 경찰이 당신을 체포하러 왔습니다. 당신은 이 상황이 옳다고 생각하십니까? 자신이 믿지도 않는 종교의 계율에 따라 심판 받는 상황이 하나도 억울하지 않겠느냐는 이야기입니다.

이슬람교도 세상이 됐으니 돼지고기 먹는 것쯤 참으면 된다고 말할지도 모르니 다른 예를 들어보죠. 이번엔 이슬람교도 세상에 사는 한 여자를 가정해보겠습니다. 그녀는 사랑하는 남자와 잠자리를 했습니다. 결혼 전이지만 두 사람은 사랑하는 사람과 섹스 하는 게 죄라고 생각지 않았죠. 그런데 안타깝게도 남자는 전쟁에 참가했다가 죽고 말았습니다. 여자는 몇 년 뒤 슬픔을 딛고 새로운 남자를 만나 결혼했습니다. 그리고 결혼 첫날 여자는 처녀가 아니라는 이유로 사람들 앞에 끌려 나와 돌에 맞아 죽었습니다.

혼전 성관계는 이슬람교의 경전인 코란과 성경에서 공통적으로 죄악이라 가르치고, 실제로 상당수 이슬람교 사회에선 돌로 쳐 죽여도 법적인 제지를 당하지 않는 관습법입니다. 오히려 '명예 살인'이라고 해서 여자의 친정 가족이 먼저 나서서 그런 죄(?)를 저지른 딸이나 여동생, 조카를 죽이는 경우도 드물지 않습니다. 돼지고기를 먹거나 처녀가 아닌 여자는 죽일 수 있는 이슬람교도의 예를 들었지만, 우리나라가 이슬람 국가가 된다면 얼마든지 현실화될 수 있는 문제입니다.

요즘 교회에선 구약의 계율은 어느 정도 융통성을 발휘하는 추세라서 혼전 성관계를 가지고 사람을 죽이진 않습니다만, 여전히 혼전 섹스는 죄악이라고 가르칩니다. 종교 계율이 옳고 그름을 떠나서 당신이 기독교인인데 이슬람교도의 계율에 따라(사실은 기독교인도 신의 가르침이라 믿는 구약의 계율에 따른 것입니다) 다른 종교인이 당신을 감옥에 처넣거나 죽인다면, 당신은 그것이 옳은 일이라 생각하십니까?

Q 형사취수 제도는 단순히 형의 대를 잇는 의미뿐만 아니라, 남편을 잃은 아내가 가족의 구성원으로 남아 보호 받고 재산권을 유지하기 위한 의미도 있습니다. 그것을 거부한 오난은 이기적인 행동을 했기 때문에 하나님이 죽인 겁니다.

A 일리가 있는 지적입니다. 하지만 제 답변은 다르지 않습니다. 아무리 취지가 옳다 해도 당사자의 동의 없이 강요해선 안 된다는 것이 인류가 오랜 세월에 걸쳐 얻어낸 인권이니까요. 그리고 남편 잃은 며느리의 호구지책을 마련해주기 위해 작은아들이 종마 역할을 할 수도 있지만, 당사자가 그

것을 거부한다면 아버지는 혼자 남은 며느리를 위해 재산을 떼어주고 개가시키는 방법도 있습니다.

본문에서 제가 지적한 것은 적어도 한 생명이 천하보다 귀하다고 말한 신이 오난을 죽이면서까지 형사취수 제도를 옹호한 것이 과연 옳은가 하는 점입니다. 성경에 따르면 구약시대는 신이 인간에게 직접 음성으로 계시하던 때니까 오난이 형수와 잠자리를 거부할 경우, 유다에게 계시를 내려 '네 며느리에게 양과 젖소를 몇십 마리 떼어주고 독처하는 남자를 찾아 개가시켜라' 고 명령했으면 간단히 해결될 일 아닙니까?

형사취수라는 제도 자체가 아무리 선한 의도로 만들어졌다고 해도 자식의 의미와 부모의 역할, 인간의 자유의지, 윤리관에 어긋나는 부분이 많습니다. 더구나 시대에 따라 수시로 바뀌는 인간의 제도를 지켜주기 위해 신이 나서서 그 제도를 거부하는 인간의 목숨을 앗아가는 행위가 과연 옳았느냐는 게 제 지적의 핵심입니다.

독립운동은 식민지 시대를 살아가는 백성에게 의로운 행동이지만, 독립운동에 나서지 않았다는 이유로 누군가가 죽음을 당해서는 안 됩니다. 이것이 현대사회의 인권입니다.

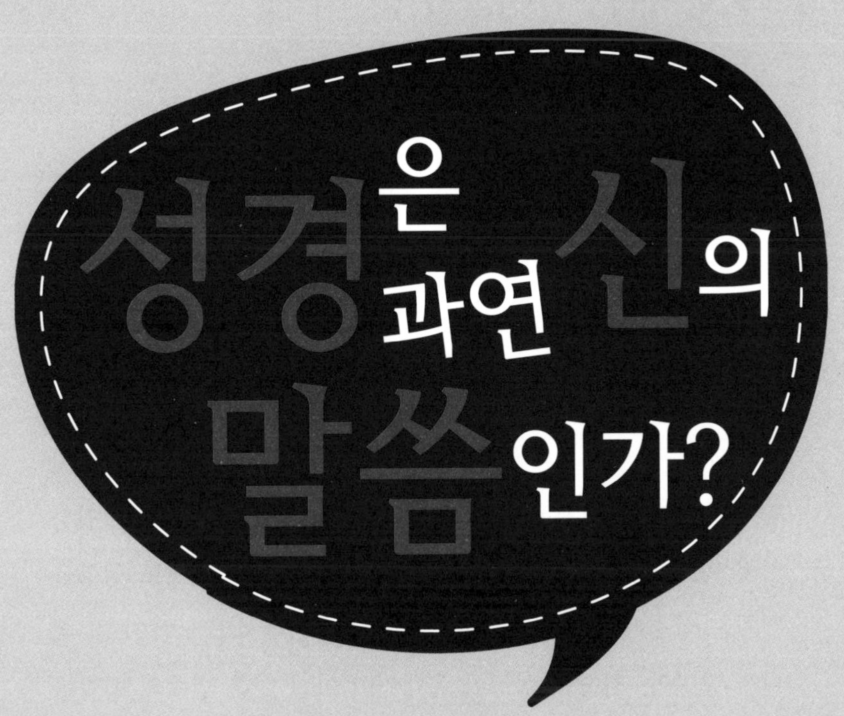
성경은 과연 신의 말씀인가?

성경 내용과 역사적 사실이 일치할까?

이번에는 기독교의 경전인 성경이 어떻게 만들어졌는지 이야기해볼게. 무신론자나 다른 종교인에겐 조금 딱딱한 얘기가 되겠지만, 나름대로 구성지고 재미있게 설명해보려고 하니까 너무 긴장하지 마. 인류 역사에 가장 큰 영향력을 미쳤고, 현재도 영향을 미치는 성경에 대해 알아두는 건 상식 측면에서도 도움이 될 테니까 말이야. 최근에 성경이 유대인이 아닌 다른 민족의 신화를 짜깁기한 것이란 주장을 담은 책도 많이 나왔지만, 성경 그 자체로만 이야기해보자고.

기독교인이 아닌 사람들이 성경책을 본 첫인상은 아마 '엄청 두꺼운 책' 이 아닐까? 그것도 굉장히 얇은 종이에 깨알 같은 글자로 인쇄했으니 망정이지, 일반 단행본 용지에 듬성듬성 편집했다면 들고 다니는 건 포기해야 할 거야. 그도 그럴 것이 지금 서점에서 판매되는 성경책은 원래 수십 권으로 나눠진 내용을 하나로 묶은 거거든.

현재 기독교가 신의 말씀으로 공식 인정한 성경은 전부 66권으로, 수천 년에 걸쳐 여러 선지자(先知者 : 예언자와 같은 뜻으로, 야훼와 인간의 중개자 역할을 하던 사람)와 예수의 제자들이 쓴 책을 모은 거야. 이 성경은 예수가 오기 전, 그러니까 구약시대에 쓰인 39권과 예수 사후에 쓰인 신약 27권으로 구성되었어.

사실 66권 외에도 신의 말씀을 담았다는 여러 경전들이 있었지만, 구약은 기원전 5세기에 에스라 선지자와 대공회大公會의 회원들이 확정한 거야. 이 과정에서 어느 경전을 야훼의 말씀이라고 인정하며 성경에 넣고 뺄지 많은 논란이 있었는데, 기독교인의 표현을 빌리면 하나님의 은혜로 구약성경의 편집이 완료된 거란 말씀.

이때 확정된 구약성경은 모두 유대인의 언어인 히브리어로 작성되었는데, 기원전 5세기는 유대인이 자기 나라를 잃고 주변 국가를 떠돌 때였어. 재미 교포 2, 3세들이 한국어를 잘 못하는 것처럼 유대인 중에도 히브리어를 모르는 사람들이 많았지. 당시 세계의 중심은 그리스였어. 자손에게 계속 야훼의 가르침을 전하고 싶은 유대인은 히브리어 성경을 당시의 공용어인 그리스어(헬라어)로 번역할 필요가 있었지.

그러던 차에 때마침 이집트를 다스리던 프톨레미 왕조의 두 번째 왕 프톨레미 필라델푸스Ptolemaeus Philadelphus가 유대인 각 지파의 대표 70여 명을 알렉산드리아에 모아서 구약성경을 헬라어로 번역하라고 명령했어. 덕분에 히브리어 성경은 헬라어로 번역됐고, 그 결과물로 나온 구약성경을 '70인역 성서' 라고 해.

그런데 처음 만들어진 70인역 성서에는 지금 전해지는 39권 외에도 유대 사회에 전해 내려오던 15권이 첨부되었어. 이게 바로 정경(39권) 외의 경전인 '외경外經'이야. 가톨릭에선 개신교가 외경이라고 치부하는 제2경전을 현대에도 성경에 포함해 사용하기 때문에 가톨릭의 구약성경은 개신교보다 7권이 많은 46권으로 편집되었어. 개신교가 구약의 경전으로 인정하지 않는 가톨릭의 외경 7권은 「토빗기」「유딧기」「마카베오서」 상·하권, 「지혜서」「집회서」「바룩서」인데 개신교인에게는 이름조차 생소하겠지만 한번 찾아서 읽어보길 권하고 싶어.

신약은 가톨릭과 개신교 모두 27권을 공식적으로 인정하는데, 서기 50년에서 100년 사이에 예수의 제자들이 기록한 거야. 하지만 후대의 이름 모를 저자들이 신약성경을 상당 부분 저술했다는 주장도 나오지. 신약시대에도 예수의 행적이나 가르침에 대한 여러 가지 경전이 있었지만, 서기 397년 카르타고 종교회의에서 27권을 정경으로 최종 채택했어.

그럼 신약과 구약 66권이 모두 신의 말씀을 담았느냐, 그렇지 않아. 성경이 기록된 시대 순서에 따라 편집되었다고 오해하는 사람들이 많은데, 기록 연대가 아니라 내용에 따라 성격이 같은 경전끼리 묶였다고 봐야 해. 개신교의 관점에서 구약은 내용에 따라 모세오경과 역사서, 시가서, 예언서로 크게 분류되지.

모세오경은 천지창조부터 아브라함이나 노아 같은 유대 민족의 조상에 대한 기록(난 신화라고 보지만)으로, 아직 체계적인 왕국을 건설하지 못한 유대인에게 사회의 규범부터 신에게 제사를 드리는 방법까지 신이 직접 명령한 율법이 담겨 있어. 역사서는 그 이후 유대인이 통일된 왕국을 형성해가는 과정부터 왕국이 분열하는 과정까지 역사를 기록한 내용이고, 시가서는 대개 운문으로 적힌 종교적인 문학서야. 예언서는 말 그대로 장차 일어날 일들을 예언한 내용으로 구성되었지.

그러니까 구약성경에서 야훼라 불리는 신이 인간에게 자신의 뜻을 직접 가르치고, 어떻게 살아가란 지침을 정해준 건 모세오경에 집중되었어. 모세오경을 제외한 나머지 구약성경은 역사서와 시가서, 예언서니까 아무래도 인간의 실제 삶에 구체적으로 적용할 법규와는 조금 거리가 있거든.

예수를 신의 아들로 인정하지 않고 신약성경을 부정하는 유대교에선 모세오경을 '토라 tôrāh' 라고 해서 현대에 이르기까지 그 율법을 지키며 살아. 그래서 토라에 적힌 신의 명령에 따라 여전히 돼지고기를 먹지 않는다든지, 안식일을 철저히 지켜서 금요일 저녁부터 토요일 저녁까지는 불 끄는 일조차 하지 않으며 근본주의적인 삶을 영위하는 유대인이 아직도 꽤 많아.

신약 27권도 내용에 따라 네 가지로 분류되지. 예수의 행적을 기록한 복음서와 사도들의 행적을 기록한 「사도행전」, 사도들이 각 지방에 흩어진 교인을 가르치기 위해 편지 형식으로 각 지방에 보낸 서간서, 인류의 멸망을 예언한 「요한계시록」이야.

기독교인에게 성경 속 경전은 어느 한 권이라도 소홀히 여길 수 없는 것이겠지만 교회를 다니던 시절의 나도 그랬고 많은 신학자들 역시 구약의 핵심은 모세오경을, 신약의 핵심은 복음서를 꼽아. 모세오경은 말 그대로 기독교라는 종교의 기원이 되는데다, 유대교와 이슬람교가 공통적으로 자기 종교의 뿌리로 여기는 경전이야. 기독교인 중에도 이 사실을 모르는 경우가 꽤 있던데, 이슬람교도가 섬기는 알라는 기독교인이 섬기는 야훼의 다른 이름이거든. 이슬람교도와 유대교인, 기독교인이 모두 자기 종교의 뿌리로 여기는 모세오경은 아무래도 다른 역사서나 시가서에 비해 중요성이 클 수밖에 없지. 신약의 복음서 네 권은 사도들이 직접 예수의 행적과 가르침을 기록으로 남긴 거니까 아무래도 예수 사후에 제자들의 행적과 가르침을 담은 서간서에 비해 권위가 높을 수밖에 없고.

재미있는 건 소위 진보적인 목사나 기독교인은 모세오경의 내용을 신화에 가깝다고 해석한다는 점이야. 그러니까 에덴동산에서 선악과를 따 먹은 아담과 하와의 이야기부터 노아의 방주, 소돔과 고모라의 멸망, 유대인이 이집트를 탈출하며 홍해가 갈라지고 광야에서 유대인을 보호한 불기둥과 구름기둥이 실제 일어난 사건이 아니라 수많은 상징을 담은 신화라고 해석한다는 거지. 율법에 담긴 신의 원래 성품과 가르침은 그렇지 않은데, 성경을 기록한 인간들이 멋대로 양념을 치고 살을 덧붙이고 빼서 지금의 성경이 만들어졌다고 보는 게 진보적인 일부 기독교인이 성경을 해석하는 방법이야.

그런 관점에선 생리 중인 여자와 잠자리를 하면 죽여야 한다거나 동성애자는 반드시 죽여야 한다는 것도 신이 내린 명령이 아니지. 당시 기득권층이 사회질서를 유지하고 백성을 계몽(?)하기 위해 신의 명령을 빙자해 성경을 적었다는 해석이 되는 거야. 내가 구약성경의 내용을 끌고 와서 율법의 모순과 신의 악함을 지적하면 구약은 그 시대 사람들의 관점에서 해석해야 한다는 비판이 나오는 것도 그 때문이지. 나 역시 그런 해석에 전적으로 동의해. 그러니까 구약, 특히 기독교와 유대교, 이슬람교의 뿌리가 되는 모세오경은 신의 가르침이 아니라 당시 기득권층이 신의 가르침을 빙자해 기록한 '인간의 기록' 이란 거야.

「성경 속의 차별」에서도 언급한 내용이지만, 모세오경에서 야훼라는 신은 현대인의 이성과 윤리관으로는 도무지 이해(용납)할 수 없는 율법을 가르치면서 학살과 차별, 폭력을 자행해. 장애인을 부정하다고 손가락질하고, 딸을 낳은 산모는 아들을 낳은 산모보다 부정하다고 여겨서 두 달 넘게 성소에 나오지도 못하게 하는 등 이해할 수 없는 차별을 율법이란 이름으로 명령하거든.

하지만 이것이 신의 명령이 아니라 인간이 신의 명령을 빙자해 제멋대로 저술한 거라면 모순투성이인 신의 모습을 쉽게 이해할 수 있어. 구약시대는 타민족과 전쟁이 끊이지 않던 시기니까 전쟁에 투입할 수 있는 남자가 필요했고, 노동력을 확보하기 위해서도 여자보다는 남자가 귀하게 여겨졌을 거야. 그러니 구약의 유대인에겐 남아 선호가 당연한 문화였겠지. 신의 명령을 빙자해 율법을 기록할 때 딸을 낳은 여자는 아들을 낳은 여자보다 부정하다고 말한 것도 그 때문일 거야. 그게 아니면 전지전능한 야훼께서 성염색체를 몰랐다는 말이 되잖아.

모세오경의 내용 중 상당 부분을 신화라고 치부하는 순간, 난 기독교라는 종교가 존재할 수 없다고 생각해. 기독교의 모든 경전은 모세오경을 뿌리로 삼아 기록된 건데, 모세오경의 내용을 인간이 멋대로 자기 생각을 기록한 거라고 해석한다면 그 이후에 나온 모든 경전은 존재의 의미가 사라지지 않겠어? 이건 마치 밀가루를 반죽해서 빵을 구워놓고 빵을 만드는 데 밀가루는 필요 없다고 말하는 거랑 다를 게 없잖아.

예수가 어느 날 갑자기 하늘에서 뚝 떨어진 인물인가? 기독교인의 표현을 빌리면 예수는 구약의 예언을 성취하러 온 인물이야. 즉 예수는 구약의 내용을 기반으로 등장한 인물이고, 그래야만 존재 가치가 있는 인물이란 얘기지. 그런데 구약은 거론하지 말라고?

내가 구약에서도 모세오경을 자주 언급한 이유는 그것이 신의 말씀을 직접 받아 적었다는 경전인데다, 기독교라는 종교의 기원이 모세오경을 토대로 하기 때문이야. 이슬람교와 유대교의 뿌리가 되는 경전이기도 하지. 그런 근본을 스스로 부정하면서 어떻게 하나님의 뜻을 안다고 말할 수 있다는 거지?

이제 신약의 내용을 보자고. 신약시대가 열리고 사도 바울이 등장하기까지 유대인은 모세오경을 비롯한 구약성경의 가르침을 철저하게 이스라엘 민족을 위한 것이라고 생각했어. 그러니까 구원이란 유대인을 위한 것이고, 다른 민족에겐 해당 사항이 없다고 여겼거든. 자신들은 신에게 선택 받은 백성이라는 선민사상에 젖어 있었단 말이지. 선민사상은 다른 나라의 건국 신화에도 흔히 나오는 내용이야. 그런데 사도 바울이 등장하면서 이런 선민사상에 찬물을 끼얹어. 바울도 구약성경의 가치를 부정하진 않았지만, 성경을 해석함에 있어 유대교의 폐쇄적인 민족주의를 깨뜨리고 이방인이라도 하나님을 믿는 자들은 구원 받을 수 있다고 선포한 거야. 기독교인은 예수가 이방인의 구원을 선포했다고 여기지만, 난 그렇게 생각지 않아. 그 이야기는 나중에 예수에 대해 이야기하면서 설명할게.

개인적으론 사도 바울의 가르침에 문제가 많다고 생각해. 구약성경에서 묘사된 야훼의 모습은 실제로 이스라엘을 위한 신이거든. 자신을 '이스라엘의 하나님' 이라고 몇 번이나 강조하기도 했고. 그래서 이스라엘 민족에게 걸림돌이 된다면 다른 민족을 갓난아기 한 명도 살려두지 말고 학살하라는 명령을 거침없이 내리던 분이 바로 구약의 하나님이지. 그런데 갑자기 예수와 사도 바울이 등장해서 그동안 섬겨온 이스라엘의 하나님 대신 전 인류를 사랑하는 하나님을 이야기하니 유대인 입장에선 어안이 벙벙해질 수밖에. 그래서 구약의 하나님과 신약의 하나님은 도저히 동일한 신이라고 볼 수 없다는 신학자들도 많아.

하여튼 예수는 율법의 파괴하러 온 게 아니라 완성하러 온 거라고 밝히는데, 그 말이 시사하는 점이 많아. 유대인은 예수가 등장하기까지 모세의 율법을 문자로 해석했지만, 예수는 그런 성경해석이 잘못됐다고 지적하고 율법에 담긴 올바른 뜻을 가르쳐줌으로써 율법을 완성하러 왔다니 말이야. 예를 들어 유대인은 안식일을 철저하게 지켜서 휴식의 의미인 안식일이 오히려 인간을 피곤하게 만드는 상황이었어. 안식일엔 촛불 하나 끄는 것도 일이라고 여겨서 불도 맘대로 끄지 못했고, 집에서 일정 거리(900미터쯤) 이상 벗어나는 것도 금지됐지. 안식일엔 한가롭게 산책하는 것도 죄악이라고 여겼단 말이야. 그런데 예수의 제자들이 안식일에 들판의 곡식 이삭을 잘라 먹는 모습을 보고 어떻게 안식일에 일(?)을 하느냐고 비판하니까 예수는 「마가복음」 2장 27절에서 다음과 같이 말했어.

안식일은 사람을 위해 있는 것이지 사람이 안식일을 위해 있는 것이 아니다.

참 멋진 말이야. 난 때때로 보이는 예수의 저런 인본주의적인 모습을 좋아해. 기독교인이 구약보다 신약에서 예수를 통해 완성된(?) 율법을 믿고 따르는 것도 그 때문이지. 하지만 신약성경 전체를 읽어보면 예수 역시 신본주의자라는 걸 알 수 있어. 인간을 위해 신이 존재하는 게 아니라 신의 즐거움을 위해 인간이 기쁨조로 창조되었음을 가르치는 예수를 보면 서글퍼. 난 인간이 신이 두는 장기판의 졸이라고 생각지 않거든.

예수의 이런 가르침을 보면 그동안 내가 구약의 율법을 문자 그대로 가져와서 비판한 건 몇몇 기독교인의 지적처럼 잘못된 자세라는 얘긴데, 과연 그럴까? 앞서 내가 신약 27권이 성격상 네 가지로 분류된다고 했는데, 실제로 예수의 가르침을 담은 건 「마태복음」 「마가복음」 「누가복음」 「요한복음」뿐이야. 예수는 신이 인간의 육신을 빌려 이 땅에 나타난 것이라고 하면서도 정작 예수가 직접 저술한 경전은 한 권도 없다는 게 좀 아이로니컬하지. 신약의 나머지 경전은 예수가 십자가에 달려 죽은 뒤 사도들의 행적을 기록하거나, 사도들이 다른 교인에게 남긴 권면의 편지와 예언서야.

구약성경이 인간의 주관이 상당히 개입된 것이라는 관점에서 본다면, 신약 역시 예수의 제자들 개개인의 생각이 개입된 지극히 주관적인 경전이란 해석이 타당하겠지? 실제로 내가 동성애자에 대한 기독교의 차별을 지적했더니 동성애자를 죽이란 율법은 바알을 섬기는 제사장들의 동성애 행위를 문제 삼은 거지, 현대의 동성애자를 향한 지적이 아니라고 말하는 기독교인이 있었어.

그런데 신약성경을 절반 가까이 저술한 사도 바울 역시 동성애는 하나님 나라에 들어가지 못할 죄악이라고 몇 차례나 언급하거든. 신약시대에 바알은 유행(?)이 지난 우상이라고 할 수 있는데, 사도 바울이 바알의 제사장들을 경계하는 의미로 동성애를 정죄했다는 건 말이 안 되는 해석이야. 결국 바울도 예수가 직접 언급하지 않은 동성애를 좋지 않게 보는 주관적인 견해로 성경을 기록했다는 말이 돼. 지진이나 해일로 수십만 명이 죽었을 때 일요일에 교회 나가지 않은 인간을 하나님이 싹 죽인 거라고 자기 생각을 하나님의 생각인 양 설교하는 목사들과 다를 바 없단 말이지.

그렇다면 사도 바울이 남긴 나머지 경전의 내용도 예수의 뜻과 일치하는 가르침이라고 단언할 순 없지 않을까? 나는 복음서 외의 경전들은 아무래도 신(예수)의 가르침과 동떨어진 인간의 생각이 많이 개입되었을 확률이 높다고 봐. 그만큼 종교의 경전으로는 권위가 떨어진다고 생각하지. 실제로 신학자들도 신약의 서신서 내용 가운데 상당수는 인간의 주관이 개입된 내용이라고 해석한단 말이야.

예수의 행적과 실제 예수의 가르침을 담았다는 복음서의 내용은 어떨까? 우습지만 복음서에선 같은 사건을 각각 다르게 서술하는 경우가 많아. 예를 들어 「마태복음」과 「마가복음」, 「누가복음」에선 예수가 십자가에 매달려 운명하던 순간, 예수의 양옆에는 또 다른 십자가에 강도 두 명이 매달려 있었다고 나와. 다음은 그 장면을 기술한 「누가복음」 23장의 내용이야.

39 예수님과 함께 십자가에 달린 죄수들 가운데 하나가 예수님을 욕하며 말했습니다. "네가 그리스도가 아니냐? 네 자신과 우리를 구원하여라."

40 그러나 다른 죄수가 그를 꾸짖으며 말했습니다. "너도 같은 벌을 받았으면서 하나님을 두려워하지 않느냐?

41 우리는 우리가 저지른 일 때문에 마땅한 벌을 받는 것이지만, 이 분은 아무런 잘못을 행한 적이 없으시다."

42 그리고 예수님께 말했습니다. "예수님, 주께서 주님의 나라에 들어가실 때, 저를 기억해 주십시오."

43 예수님께서 그에게 말씀하셨습니다. "내가 진정으로 네게 말한다. 오늘 네가 나와 함께 낙원에 있을 것이다."

범죄를 저지르고 예수와 함께 십자가에 매달려 처형되던 강도 두 명이 죽기 직전에 말한 몇 마디 때문에 운명이 달라진 이 이야기는 기독교인이라면 누구나 알 거야. 그런데 같은 사건을 「마태복음」과 「마가복음」에서 찾아보면 「누가복음」과 다르게 서술했다는 걸 알 수 있어. 「마태복음」 27장에선 양쪽의 강도가 모두 예수를 조롱했다고 나오지.

44 예수님과 함께 십자가에 못박힌 강도들도 똑같은 욕을 예수님께 했습니다.

「마가복음」 15장에도 양쪽의 강도가 모두 예수를 조롱했다고 적혀 있어. 예수가 십자가에 달려 죽은 것은 기독교에서 가장 중요한 사건인데, 왜 복음서엔 각각 다르게 나올까? 본문의 내용으로 봐선 누가와 마태 둘 중의 하나는 없는 사실을 꾸며서 적었다는 얘기가 되는데, 그렇다면 그들이 쓴 복음서에도 상당수 거짓이 개입되었다고 볼 수 있지 않겠어?

아주 좋게 해석해서 마태와 누가 둘 중의 하나는 거짓으로 사건을 기록한 거라고 말했지만, 사실은 둘 다 거짓말했을 가능성이 높아. 예수가 십자가에 매달리던 순간에 마태와 누가는 그 곁에 없었기 때문이야. 당시 예수 옆을 지킨 제자는 요한뿐인데, 「요한복음」에는 예수의 좌우 십자가에 매달린 강도들의 이야기가 언급조차 되지 않아. 결국 마태와 마가, 누가는 자신들이 직접 보지도 않은 일을 사실인 양 기록했다는 얘기야.

그것이 사실이든 아니든 구원 받은 강도의 이야기를 통해 전달되는 하나님의 사랑을 직시하라고 말하는 기독교인이 있을지도 몰라. 하지만 있지도 않은 사실을 통해 전달되는 신의 사랑이란 무슨 의미가 있을까? 동화나 신화의 교훈이라면 모를까, 그렇게 꾸며낸 이야기가 신앙의 대상이 되어선 안 되지 않겠어?

「마태복음」 26장의 내용을 읽어보면 저자가 멋대로 꾸며낸 이야기가 한 가지 더 나와. 가룟 유다가 예수를 팔아먹는 장면을 마태가 기록한 거야.

그 때에 열 둘 중에 하나인 가룟 유다라 하는 자가 대제사장들에게 가서 말하되 내가 예수를 너희에게 넘겨주리니 얼마나 주려느냐 하니 그들이 은 삼십을 달아 주거늘 저가 그 때부터 예수를 넘겨줄 기회를 찾더라

이상하지 않아? 유다가 대제사장을 만나서 예수를 팔아먹으려고 모의하는 저 장면을 마태가 직접 목격했다면 예수의 죽음을 막을 수 있었을 거야. 하지만 예수의 제자들은 예수가 체포되기 직전에도 유다가 예수를 팔았다는 사실을 몰랐어. 한마디로 저 장면도 마태가 멋대로 지어낸 이야기란 말이지. 예수의 행적을 기록했다는 복음서에도 인간이 거짓으로 각색한 내용이 첨가되었다면, 신약성경에서 어떤 내용을 진짜 예수의 가르침이라고 믿어야 할까?

기독교인이 크게 착각하는 것이 한 가지 더 있는데, 성경에 기

록된 내용이 실제 역사에서 일어난 일이라고 여긴다는 거야. 야훼가 6일에 걸쳐 우주와 인간을 창조했다거나, 뱀이 하와를 유혹했다는 「창세기」의 내용은 신의 기적이라 치고 일단 넘어갈게.

지구를 물로 뒤덮고 인간을 다 죽였다는 노아의 홍수 사건은 성경 연대를 따졌을 때 기원전 2500년경, 그러니까 지금부터 4500여 년 전의 사건이야. 그런데 노아가 살던 지역 근처에 있던 이집트나 수메르문명은 당시에 찬란한 고대 문명을 발전시켰고, 홍수로 멸망하지도 않았어. 노아가 살던 곳에서 멀리 떨어진 인더스 지역도 그렇고, 중국의 황하 문명까지 흔히 고대 4대 문명이라고 말하는 문명의 발상지에선 노아의 홍수가 일어난 시대에 찬란한 문화의 유산을 쌓았단 말이야. 실제로 노아가 환청을 듣고 방주를 만들어서 홍수를 피했는지는 모르겠지만, 성경에 기록된 것처럼 지구 전체에 홍수가 일어난 사실은 없어. 그건 명백한 역사적 거짓말이라고 할 수 있지.

유대인이 이집트에서 노예 생활을 하다가 탈출했다는 「출애굽기」의 내용도 마찬가지야. 요셉이 이집트에 노예로 팔려갔다가 나중에 이집트의 총리가 되어 가족 70여 명을 이집트로 불러들였는데, 430년이 지나서 이집트를 탈출할 땐 장정만 60만 명이었다고 성경에 기록되었어. 건장한 성인 사내가 60만 명이라면 여자와 노약자를 포함한 전체 인구는 약 200만 명이란 얘기야. 그런데 70여 명이 430년 만에 200만 명으로 늘었다? 인구학자들에게 물어봐. 인간이 쥐새끼처럼 새끼를 낳지 않는 이상 그런 인구 증가는 불가능해. 요셉의 가족뿐만 아니라 차츰 다른 유대인도 이집트로 왔기 때문이라고 말할 수도 있겠지. 하지만 어떤 식으로 해석해도 「출애굽기」는 실제 역사와 동떨어진 내용이란 사실은 변하지 않아. 출애굽이 일어난 때로 추정되는 시대, 그러니까 람세스 2세가 집권하던 이집트는 전체 인구가 200만 명 안팎이었단 말이야. 이집트 전체 인구가 모세를 따라나선 게 아니라면 장정만 60만 명이라는 성경의 기록은 거짓말이 되지.

설사 200만 명이 이집트를 탈출했다고 해도 마찬가지야. 생각해봐. 200만 명이 강변을 따라 1m 간격으로 늘어서서 물을 떠도 2000km야. 끊임없이 물을 쏟아내는 마법의 급수차가 있다고 해도 200만 명에게 순서대로 물을 배급하려면 얼마나 걸릴 것 같아? 10초에 한 명씩 물을 배급한다고 하면 5555시간이 걸려. 하루 24시간 쉬지 않고 물을 배급해도 231일이 걸린다는 얘기야. 거대한 강을 끼고 있지 않은 다음에야 200만 명이 사막을 헤매면서 오아시스 한두 개로 생존할 수가 없지. 아무리 신이 사막에서 물이 샘솟게 하는 기적을 보여줘도 나일강 같은 거대한 강이 아니면 신이 준 샘물을 배급 받으려고 줄 서다가 목말라 죽을 거야. 실제 역사학자들은 이집트에서 탈출한 유대인이 있었다면 기껏해야 2000명 안팎이었을 거라고 말해.

교회에 다니는 사람은 담임 목사님에게 물어봐. 일요일 설교 시간엔 차마 교인에게 말하지 못하지만, 성경의 기록이 실제 역사와 다르다는 걸 목사들은 신학교에서 배워 안다고. 교인만 모를 뿐이지.

여기서 구약에 대한 오해를 하나 더 짚고 넘어가야 해. 구약성경은 상당 부분 그 상황을 직접 목격한 저자가 기록한 게 아니야. 구약의 경전들은 노래나 무용담, 설화 등의 형태로 다양하게 구전되다가 기원전 9세기경 이스라엘왕국이 남북으로 분열될 즈음에야 문서로 기록되기 시작했지. 그것도 천지창조에 대한 내용을 담은 모세오경부터 기록된 게 아니라 이스라엘이 통일 왕국을 이룬 뒤의 이야기부터 왕위 계승에 대한 역사서 형태가 먼저 기록되었어. 성경으로 따지면 「사무엘」 상·하나 「열왕기」 상·하가 그것들이지.

기원전 5세기경 에스라 선지자가 구약성경을 편집할 때 자료로 삼은 문서들을 신학자들은 J문서, E문서, D문서, P문서였다고 추정하는데 이것을 'JEDP문서설'이라고 해. 문서들 각각의 특징을 이야기하는 건 너무 학술적인 내용이라 이 책에선 언급하지 않겠지만, 기독교의 뿌리가 되는 모세오경은 그 시대에 살면서 사건들을 직접 겪은 사람(모세?)이 쓴 게 아니라는 건 분명해. 기원전 9세기 이전엔 문자로 기록된 성경이 아예 없었다고. 이건 신학자들 상당수가 정설처럼 인정하는 사실이니까 못 믿겠으면 주변의 목사나 신학자들에게 확인해봐.

우리나라의 기록으로 따지면 민간에 구전되던 단군신화가 3600여 년이 지나서야 『삼국유사』나 『제왕운기』에 문자로 기록되기 시작한 것과 마찬가지지. 지구 반대편 중동 지방 작은 부족의 건국 신화를 담은 성경은 구절 하나하나까지 외우면서 우리 민족의 건국 신화는 잘 모르는 기독교인이 많지만, 단군신화는 4300여 년 전에 일어난 일을 다룬 내용이야. 하늘의 왕 환인의 아들 환웅과 100일 동안 마늘을 먹고 곰에서 인간으로 변한 웅녀 사이에서 난 아들 단군왕검이 기원전 2333년 아사달에 도읍을 정하고, 우리 민족 최초의 국가인 고조선을 세웠다는 내용이지. 이런 신화적인 내용을 고려 시대인 서기 1280년대에 『삼국유사』와 『제왕운기』에 기록한 거야.

당연한 말이지만 구전되던 신화를 기록하다 보니 『삼국유사』와 『제왕운기』에 있는 단군신화는 내용이 약간 달라. 그건 성경도 마찬가지야. 예를 들어 지금 기독교인이 읽는 「창세기」엔 최초의 인류가 아담과 하와로 기록되었지만, 유대인의 다른 설화에는 '릴리트'라는 여자가 아담의 첫 아내라고 나와.

그러니까 신의 가르침을 받은 몇몇 사람들이 한번에 써낸 것이 성경이라고 믿는다면 큰 오해야. 여기저기 구전되던 설화들을 모으는 과정에서 그 내용을 적당히 더하고 빼면서 오랜 세월에 걸쳐 여러 사람들이 편집한 결과물이 현재 기독교인이 보는 구약성경이라고. 에스라 선지자 이전엔 통일된 성경도 없었고 말이야. 그렇게 짜깁기한 성경을 보면서 모든 것이 신의 뜻대로 이뤄진 거라고 말한다면 곰이 마늘과 쑥을 먹고 사람이 돼서 신의 아들과 결혼했다는 단군신화를 못 믿을 이유가 있을까? 그리스신화의 제우스나 북유럽신화의 토르는 믿지 못하면서 지구가 창조된 게 6000년 전이라고 가르치는 성경을 믿는 이유는 또 뭐고?

그래서 더더욱 성경은 문자 그대로 받아들이면 안 되고 그 안에 담긴 신의 가르침을 꿰뚫어 봐야 한다는 얘기가 나오는 거겠지만, 성경에 기록된 내용이 (상당수 혹은 전부) 실제 일어난 사실이 아니라면 성경에서 건질 건 '하나님은 사랑' 이라는 추상적인 얘기밖에 없지 않을까?

성경의 모든 말씀은 한 치도 어긋남 없이 모두 하나님의 뜻이라고 해석하는 축자영감설이나 인간의 지식과 이성으로만 성경을 해석하는 건 일부 기독교인의 주장대로 현대 신학의 유행(?)에 뒤처진 방법이 맞아. 성경을 인간의 이성으로 해체하고 해석하는 건 중세 암흑기를 지난 18세기부터 수없이 시도된 일이거든. 그러니까 지금껏 내가 성경을 비판한 건 200년쯤 유행에 뒤떨어진 방법이지.

근본주의 기독교가 대세인 우리나라와 미국을 제외한 다른 나라에선 성경 내용이 대부분 실제로 일어난 일이 아니란 것을 기독교인이 알고 있어. 성경 한 구절 한 구절에 얽매이는 축자영감설에서 벗어나 성경 전체 맥락을 놓고 볼 때 과연 신은 인간에게 어떤 가르침을 주려고 했는지 그 핵심을 파악하려는 쪽으로 신학자들의 관심이 옮겨갔단 말이야. 나처럼 성경 내용을 하나하나 구체적으로 짚어가며 그 모순과 불합리함을 지적하는 사람을 보면 "어지간히 무식한 놈이네, 요즘도 그런 식으로 성경을 해석하는 놈이 있냐? 성경을 그런 식으로 해석하는 건 유행이 지나도 한참 지난 방법이야"라고 얘기하는 기독교인도 있지. 그런데도 한국의 상당수 교회들은 여전히 축자영감설을 지지한다는 게 애석한 일일 뿐.

이런 상황에서 기독교라는 종교를 유지하기 위해선 성경 전체 내용을 통해 드러나는 '하나님은 사랑' 이라는 핵심이 중요하지 성경 한 구절 한 구절에 집착하는 건 올바른 신앙인의 자세가 아니라는 해괴한 논리가 등장한 거야. 이 말이 왜 해괴한 논리인지 이해가 안 된다면 다른 예를 들어볼게.

A라는 수학자가 있어. 그는 피타고라스의 정리에 필적하는 새로운 공식을 발견했다고 주장하면서 앞뒤가 맞지 않고 모순투성이인 「A의 공식」이란 논문을 발표했어. 사람들이 그 논문을 보고 A의 공식은 앞뒤가 맞지 않는다고 지적하니까 A는 다음과 같이 말해.

"이 논문에 기록된 내용은 모순투성이에 실제 증명된 사실도 아니지만, 그래도 A의 공식은 사실이다."

이게 현대 신학자들의 시선과 뭐가 다르지? 신의 말씀을 담았다는 성경의 내용이 신화와 다를 바 없는 거짓과 과장으로 기록된 것임을 인정하면서도 신이 존재하고 하나님은 사랑이라고 고백하는 모순.

요즘은 초등학생한테도 논술 과외다 뭐다 해서 논리력을 키워주려고 애쓰지? 그 아이들한테 물어봐. 무조건 정답을 외우는 게 문제 풀이에 도움이 되는지, 아니면 의문을 품고 스스로 생각해보는 게 문제 풀이에 도움이 되는지 말이야. 그런데 신기하게도 합리적인 사고방식이 통하지 않는 분야가 딱 하나 있어. 바로 종교지. 성경은 진리라는 확고한 결론을 내놓고 거기 맞춰서 해석을 시작해. 성경이 모순투성이에 신이 아닌 인간의 말을 담았다고 인정하면서도 그 성경이 말하는 신은 옳다고 주장하는 이 해괴한 논리. 당신이 학교 선생님인데 잘못된 수학 공식을 가지고도 정답을 도출해낼 수 있다고 믿는 학생이 있다면 그 학생을 어떻게 바라볼까?

눈에는 눈, 이에는 이. 이 단순명료한 가르침은 복수법에 기반을 둔 이슬람교의 교리라고 흔히 알고 있지. 하지만 이건 서구 사회가 심어준 편견이야. 동정심을 버리고 눈에는 눈, 이에는 이, 생명엔 생명으로 받아내라는 이 율법은 「신명기」 19장에 나온 성경 말씀이야. 그런데 신약에 이르러 예수는 '누가 네 오른뺨을 치거든 왼뺨마저 돌려 대어라' 고 말하지. 당한 대로 갚아주라고 말하는 하나님과 누가 오른뺨을 치면 왼뺨까지 대주라고 말하는 하나님. 이 두 가지 성품의 하나님을 동일한 신이라고 믿고 따르는 기독교인과 그걸 단순히 성경의 해석 차이라고 말하는 논리의 한계를 어떻게 이해해야 할지 모르겠어.

한 발자국 떨어져서 구약과 신약을 바라보면 구약의 야훼와 신약의 하나님은 결코 동일한 신이 아니야. 성경을 그 시대의 역사와 주변 환경을 염두에 두고 해석하라고들 하는데, 그 말을 그대로 돌려주고 싶어. 정말 성경을 그 시대의 환경을 감안해 해석한다면 신약은 로마제국이 다양한 식민지와 제국을 하나의 종교로 통치하기 위해 여러 민족의 종교와 신화를 구약의 야훼와 뒤섞어 새로운 신을 만들었다는 학설이 가장 타당한 해석이란 말이야.

지금까지 짧지 않은 글로 성경의 기록과 편집 과정을 설명하며 성경 내용 중 상당 부분은 인간의 주관적인 생각으로 서술됐다는 것을 이야기했어. 그리고 이건 목사들도 신학교에서 배우는 내용이야. 내 관점에선 결국 성경이 인간이 쓴 거니까 그 내용을 문자

대로 해석하는 건 말이 안 된다는 데 동의한 셈이지. 책 앞부분에서 성경 내용을 한 구절씩 꼬치꼬치 비판한 것도 이런 결론에 도달하기 위해서야. 앞의 내용을 읽으면서 내가 성경을 지나치게 문자 그대로 해석한다고 비판하는 기독교인도 있을 텐데, 그건 당신들의 생각이 맞아. 성경은 문자 그대로 해석하면 안 돼. 위에 설명했듯이 성경은 신의 말씀을 빙자한 인간의 주관적인 생각으로 기록된 책이기 때문이야.

그렇다면 구약의 모세오경도 거짓이고 역사서도 거짓이며 예언서도 거짓이란 말이 되고, 구약의 예언을 성취하러 왔다는 예수의 존재도 의심해봐야겠지. 생리 중인 여자는 부정하고, 사생아는 예배를 드리러 올 수 없고, 동성애자는 반드시 죽여야 하며, 다른 종교를 권유하는 가족이 있다면 그게 처자식이라도 정을 끊고 직접 죽이라고 가르친 것이 모두 인간의 거짓 명령이라면 기독교인은 과연 무엇을 통해 신을 믿는 거지?

"…그럼에도 불구하고 나는 하나님을 사랑이라고 생각하고 내 구주로 믿어"라고 얘기할 기독교인도 있을 거야. 그들은 성경에 기록된 내용이 사실이냐 아니냐보다는 자신의 영적인 체험을 통해 신의 존재를 절대적으로 확신하겠지. 기독교인은 흔히 '기독교는 체험의 종교'라고 말해. 아무리 성경이 모순투성이에 신의 모습이 불합리하고 이해(용납)할 수 없다고 해도 한번 신의 사랑을 체험하면 그 모든 모순이 진실이 된다고. 그런 영적인 체험을 어떻게 말로 설명할 수 있겠느냐고 하지.

내가 이렇게 이성적으로 성경을 파고드니까 나를 지식으로만 신앙생활을 한 바리새인(유대 3대 분파 중 하나로, 모세의 율법을 철두철미하게 지킨 것으로 유명한 자들) 같은 인간으로 보는 기독교인도 있을 거야. 하지만 나도 30년 가까이 기독교인으로 지내면서 방언의 은사란 걸 받았고, 영적인 환상을 봤고, 말로 설명할 수 없는 기적을 체험한 사람이야. 그런데 그런 영적인 체험은 이슬람교에도, 힌두교에도, 불교에도, 심지어 무당에게도 나타나는 일이라고.

주류 교단에 속한 기독교인이 볼 때 특정한 날짜에 세계가 멸망한다는 신의 계시를 직접 들었다는 시한부 종말론자들은 이단이고 광신도겠지만, 그들도 자신의 영적인 체험을 확신해. 하지만 지금껏 지구의 종말에 대해 신의 계시를 들었다는 수많은 사람들이 있었어도 지구는 여전히 태양 주위를 공전하고, 앞으로도 당분간(최소한 수십억 년쯤?) 멸망할 일은 없을 것 같아.

착시 사진 몇 장만 늘어놔도 인간의 오감이나 경험이 얼마나 부질없는지 금세 깨달을 수 있어. 이성적인 밑받침이 없는 체험이란 건 광신과 다를 바 없지 않을까? 종교에 이성적인 밑받침이 따르려면 그들이 믿고 따르는 경전이 역사적인 사실이고, 이성적으로 포용할 수 있어야 해. 그런데 성경이 사실이 아닌 신화에 가까운 내용으로 구성되었다면 그 내용을 통해 신을 믿는 것이 과연 올바른 일일까?

성경을 인간의 주관이 개입된 땅의 것으로 떨어뜨리는 순간, 야훼라는 신의 권위도 땅에 떨어지겠지. 그러니까 많은 기독교인은 성경무오설이 억지라는 걸 알면서도 어쩔 수 없이 성경 내용

전체를 신의 말씀이라고 가르치고 배우는 거야. 그런 억지라도 부리지 않으면 기독교의 경전은 구약이든 신약이든 현대에 이르러선 용도 폐기된 구시대의 유물이 되고 마니까.

이 글을 읽는 기독교인은 한번 생각해봐. 성경 내용이 대부분 인간의 생각을 적은 거라면 신의 말씀과 인간의 생각을 어떻게 나눠서 취사선택할 것이며, 그런 식으로도 자신의 신앙을 유지하는 데 아무런 문제가 없는지 말이야. 그리고 시한부 종말론자들이 체험하는 신의 계시와 평범한 기독교인이 경험하는 영적 체험이 얼마나 다른지 생각해봤으면 좋겠어.

Q 성경 내용이 역사적 사실과 다르다는 걸 신학교에서 배운다고요? 저는 교회에서 그런 설교를 한 번도 들은 적이 없어요. 그럼 저희 목사님이 거짓말을 하신다는 건가요?

A 둘 중 하나입니다. 교인의 믿음이 흔들릴까 봐 감추거나, 대학으로 인가를 받지 못한 신학교에서 제대로 성경을 배우지도 않고 목사 안수를 받았거나.

신학대학 재학 중이고 아직 때가 덜 탄 20대 초반 전도사에게 물어보세요. 당황하면서도 성경에 기록된 사건들이 실제 역사와 얼마나 동떨어진 기록인지 설명해줄 겁니다. 신학생들이 경험하는 가장 당혹스러운 일은 그들이 지금까지 교회에서 배워온 성경과 대학에서 학문으로 접한 성경이 너무나 다르다는 사실입니다. 실제로 미국의 보수적인 침례교 신학생들에게 설문 조사한 결과, 학년이 올라갈수록 성경 내용이 진실이 아니라고 답하는 신학생들의 숫자가 늘어났다는 논문도 발표되었습니다. 성경에 기록된 기적들이 실제로 일어난 것이라고 믿는 신학생은 37%에 불과했죠. 예수가 처녀의 몸에서 태어났다고 믿는 신학생은 32%였고요. 그런 신학생들이 졸업한 뒤 교인 앞에서 설교할 땐 성경에 기록된 내용이 모두 사실이라고 말한다는 게 씁쓸한 현실입니다.

Q 성경에 역사적 사실과 다른 내용이 있다는 것은 압니다. 하지만 저는 세부 사항의 진실보다는 성경 전체에 흐르는 맥락을 읽고 신을 믿습니다. 당신은 성경 속 세부적인 문구text에 집착해서 그 가르침이 나온 배경과 맥락context을 놓치고 있습니다.

A 제가 나무만 보고 숲을 보지 못한다는 말씀이겠죠. 하지만 저는 성경무오설을 믿는 근본주의자가 아닙니다. 실제로 저는 성경을 해석할 때 시대 상황이나 역사적 배경, 전후 관계 등을 충분히 살핍니다. 그런데 노아의 홍수가 거짓이고, 출애굽도 거짓이며, 동양인은 역사적으로나 고고학적으로 아담의 후손이 될 수 없다는 것이 확실한 사실이라면 수천 년

전에 중동 지방의 작은 부족이 믿던 야훼라는 신을 우리가 믿을 이유가 있을까요? 당신의 신앙고백에 따르면, 곰이 마늘과 쑥을 먹고 사람이 됐다는 단군신화의 허황된 문구는 무시하고 그 안에 담긴 중요한 맥락인 홍익인간의 정신을 받아들여 단군왕검을 신으로 떠받들자고 말하는 사람의 의견도 타당한 것 아니겠습니까?

Q 당신은 한글 성경만 봐서 성경에 담긴 참뜻을 오해하고 있습니다. 헬라어나 히브리어 성경 원문을 읽어보지도 않고 성경을 비판하는 건 오만한 짓입니다.

A 예, 저는 히브리어나 헬라어를 할 줄 모릅니다. 그리고 많은 목사들이 성경을 비판하는 사람들에게 당신과 같은 이야기를 합니다. 성경 원문도 읽을 줄 모르면서 어떻게 성경을 비판하느냐고요.

그런데 시중엔 한글로 번역된 여러 가지 성경이 있습니다. 대다수 한국 교회에선 100여 년 전에 번역한 『성경전서 개역한글판』을 맞춤법만 교정한 채 예배 시간에 표준처럼 사용합니다만, 그 후로 『쉬운 성경』 『현대인의 성경』 『성경전서 새번역』, 가톨릭과 개신교가 함께 번역한 『공동번역성서 개정판』 등이 나왔습니다. 성경을 최대한 원문에 가깝도록 번역하기 위한 작업이 계속되었다는 말이죠. 물론 이런 번역서에서도 오류는 있겠습니다만, 저보고 헬라어를 모른다고 비판하는 이들은 과연 성경을 한글로 번역한 당대 최고의 신학자들보다 뛰어난 사람들일까요? 아니면 일반인이 잘 모르는 헬라어나 히브리어를 들먹여서 상대의 입을 틀어막기 위한 것일까요?

예를 들어 성경에서 야훼는 자신이 총애하던 아브라함이 늦게 얻은 아들 이삭에게 너무나 애정을 쏟자 그것을 질투해 아들을 번제물로 바치라고 명령합니다. 이런 신의 성품은 십계명을 내려줄 때 자신을 '질투하는 하나님' 이라고 표현한 데서 충분히 짐작할 수 있습니다. 제가 질투하는 하나님의 애정 결핍 증상을 지적했더니 어느 목사가 그러더군요. 성경 원문을 몰라서 하는 소리라고, 구약에서 '질투' 에 해당하는 단어는 '불붙는 사랑' 을 의미한답니다. 그런데 제가 지적한 건 '질투' 라는 단어가 번역상의 오류든, '불붙는 사랑' 이라고 하든 자식에 대한 아비의 사랑마저 죄악시하는 신의 본성을 직시하란 뜻입니다. 헬라어 원문과 한글 번역본의 세세한 차이를 들이대며 제 성경 해석을 비난하는 건 오히려 신학자들이 주장하는 text와 context의 차이를 부정하는 겁니다. 불붙는 사랑이네 질투하는 하나님이네 따지는 것이 text에 얽매인 것이라면, 제 관점에서는 자식을 죽이라고 명령하는 배경이 된 신의 애정 결핍을 발견하는 것이 context입니다.

예정론과
인간의
자유의지

느그들~
다 죽었어…

이슬람교도의 자살 폭탄 테러에 대한 당신의 생각은?

이번에는 성경을 한 구절 한 구절 비판하기보다는 이 책 내용에 반대하는 기독교인의 의견처럼 성경의 전체 맥락을 놓고 이야기해볼까 해. 종교개혁을 일으킨 장 칼뱅은 개개인의 미래와 구원은 인간의 자유의지가 아니라 신의 뜻에 따라 결정된다는 예정론을 주장했어. 그는 "하나님께서는 영원히 변치 않는 의도로, 누구를 구원으로 인도하고 누구를 단죄하여 멸망시킬지 단번에 온전히 결정하셨음을 우리는 단언한다"고 말했지.

실제로 성경엔 미래를 예언한 예언서들이 있고, 십자가에 달려 죽기 직전에 예수한테 잘 보여서 구원 받은 강도의 이야기를 보면 인간의 구원은 신이 정해놨다는 말에 고개를 끄덕일 수도 있어. 그렇다면 신은 왜 처음부터 모든 사람을 선하게 만들지 않았으며, 전쟁이나 학살을 이 땅에서 없애버리지 않았느냐는 의문이 생겨. 기독교 내부에서도 예정론을 받아들이지 않는 신학자들이 많은 것도 그 때문이지. 그런 신학자들은 칼뱅의 예정론을 지지하기보다는 신이 인간에게 자유의지를 줬다고 믿어. 신은 미래를 결정해놓은 게 아니라 시공간을 초월한 존재로서 미래의 일을 알 뿐이라고 여기는 거야.

많은 사람들이 신을 원망할 때 과연 신이 있다면 왜 나치의 유대인 학살이 일어났고, 캄보디아에선 킬링필드가 벌어졌으며, 북한 땅에선 독재자가 대를 잇고 수백만 명이 굶주리느냐고 말하지. 이 부분에 대해 기독교인은 신이 인간에게 자유의지를 줬기 때문이라고 답할 거야. 내가 얘기하고 싶은 핵심도 인간의 자유의지야.

전지전능한 신께서 마음만 먹으면 모든 인간들이 신을 사랑하도록 만들 수 있었을 거야. 하지만 신은 인간을 자신이 프로그래밍 한 대로 움직이는 로봇처럼 만들지 않았나 봐. 신은 인간이 자유의지로 자신을 사랑해주길 바랐겠지. 아우슈비츠 수용소에서 죽어가는 유대인을 보며 야훼도 가슴이 아팠지만, 히틀러의 마음속으로 들어가 그의 마음을 돌리는 건 인간의 자유의지를 침해하는 거니까 꾹 참고 인간이 돌이키기를 기다리신다는 게 기독교인의 믿음이라고.

얼핏 들으면 참 그럴듯하지? 하지만 이런 논리엔 신의 존재를 의심할 수밖에 없는 치명적인 오류가 있어. 신은 인간의 자유의지를 침해하지 않고도 얼마든지 인간 세상에 선한 영향력을 미칠 수 있지 않을까? 히틀러 같은 독재자가 권력의 정점에 오르겠다는 야망을 품는 건 개인의 자유의지지만, 그들이 권력을 잡지 못하게 하는 건 신의 능력으로 얼마든지 가능한 일이잖아. 악한 생각을 품는 건 인간의 자유의지지만, 그 생각이 실현되지 못하도록 하는 건 신이 인간의 자유의지를 침범하지 않으면서도 얼마든지 가능한 일이란 말이지. 히틀러는 유대인을 가스실에 몰아넣고 수백만 명을 학살한 뒤, 그 시신의 기름을 짜내서 비누를 만들어 판매하는 천인공노할 만행을 저질렀어. 그때 신이 지진 한 번만 일으켜서 아우슈비츠 수용소를 무너뜨리고 유대인이 탈출하도록 도울 수도 있지 않았을까? 신은 어느 누구의 자유의지를 침해하지 않고도 수많은 생명을 살릴 수 있었다고. 죄 없는 아이티 주민 수십만 명을 지진으로 죽이는 일도 서슴지 않은 신이 히틀러의 인종 학살을 막기 위해 그런 작은 기적도 일으킬 수 없었을까?

암에 걸려 시한부 인생 선고를 받은 불쌍한 엄마가 있다고 가정해봐. 그녀는 독실한 기독교인으로 살면서 열심히 기도하고 없는 살림에 십일조도 꼬박꼬박 냈지만, 젊은 시절 남편을 교통사고로 잃었어. 혼자 힘으로 어린 자식들을 키우며 힘겹게 살아온 그녀는 몇 달 뒤면 세상을 떠나야 해. 그녀는 초등학생인 아이들만 남겨놓고 차마 죽을 수가 없어서 신에게 자신의 생명을 연장해달라고 기도했지. 살고 싶다는 마음은 인간의 자유의지지만, 의사도 포기한 그녀의 남은 수명을 결정하는 건 기독교인의 입장에서 볼 때 신의 영역이야. 그녀를 살리거나 죽이는 건 신의 의지일 뿐, 인간의 자유의지를 침해하는 게 아니란 얘기지. 즉 인간의 자유의지로 어쩔 수 없는 부분이 바로 신이 일하는 영역이란 말이야.

그런데 현실 속의 신은 어떻지? 신은 인간의 자유의지를 존중

한다는 이유로 인간 세상에 관여하지 않아. 흔히 기독교인은 하나님이 공의로운 분이라고 말하지? 공의公義는 공평하고 의롭다는 뜻이야. 사전에는 '선악의 제재를 공평하게 하는 하느님의 적극적인 품성'이라고 나오지. 하지만 무신론자나 다른 종교인이 볼 때 야훼는 이 땅에서 자신의 공의를 드러낸 적이 없어. 죽은 다음에 악인을 지옥으로 보내버리는지 모르지만, 적어도 현실 세계 속의 악인들은 여전히 사리사욕을 위해 수많은 사람들을 희생시키고 독재를 행하며, 전쟁을 일으키고 학살을 일삼지.

이런 얘길 하면 기독교인은 신의 깊은 뜻을 인간이 어떻게 알겠느냐고 말해. 물론 그 말도 일리가 있어. 신이 보기엔 벌레와 다를 바 없는 인간이 감히 어떻게 우주를 창조한 야훼의 깊은 뜻을 헤아릴 수 있겠어? 이 땅에서 일어나는 온갖 부조리를 방관하는 신의 성품을 설명하기 위해 기독교인은 신의 공의가 이 땅에서 드러나는 게 아니라 죽음 이후의 심판을 통해 나타난다고 말하기도 해. 나로선 공감하기 어렵지만, 그건 책 뒷부분에서 신의 공의에 대해 이야기할 때 다룰게.

리처드 도킨스의 베스트셀러 『만들어진 신』에 보면 중보 기도(타인을 위한 기도)가 실제 효과가 있는지 실험한 내용이 나와. 미국심장학회는 2006년에 중보 기도가 실제 환자들의 상태에 어떤 영향을 미치는지 조사했는데, 중보 기도를 받은 환자와 그렇지 않은 환자 사이에 병의 차도가 없다는 게 밝혀졌어. 오히려 자기가 중보 기도를 받는다는 걸 안 환자들은 스트레스 때문에 건강이 악화됐다는 재미있는 결과가 나오기도 했지.

이 이야기를 하면 기독교인은 야훼는 자기 뜻에 어긋나는 기도는 응답하지 않으신다고 해. 병든 사람을 고쳐달라는 기도가 왜 야훼의 뜻에 어긋난다는 거지? 기도는 병을 낫게 하는 용도가 아니라 신의 뜻이 이 땅에서 온전히 이뤄지길 간구하는 거라고 말하는 사람도 있어. 그런 식으로 말하면 기독교인이 기도하거나 말거나 신은 자기 뜻대로 이루실 거잖아. 대형 서점의 기독교 서적 코너에 가보면 『어떻게 기도할 것인가』 『응답 받는 기도』 같은 책들이 많아. 하지만 야훼의 공의가 죽음 이후의 심판을 통해 이뤄지는 것이라면 인간이 이 땅에서 이뤄지길 바라는 기도는 아무런 의미가 없다는 말이 돼.

한국 기독교는 이 땅에서 복을 구하는 기복 신앙적인 측면이 다분해. 사업이 잘되게 해달라는 사람부터 판검사 남편감을 만나게 해달라는 사람까지 자기 욕망을 위해 야훼를 호텔 룸서비스나 램프의 요정쯤으로 여기는 기독교인이 적지 않지. 입시철에 교회에 가보면 새벽마다 자기 자식 대학 붙여달라고 울면서 기도하는 부모들을 쉽게 볼 수 있어. 하지만 입시는 제로섬 게임이잖아. 누군가 붙으려면 누군가는 떨어져야 한다고. 공의로운 분이라고 칭송 받는 야훼께서 아무렴 새벽 기도 나온 학부모에게 응답해준다고 멀쩡한 남의 집 자식을 떨어뜨릴까? 그런 이기적인 기도야말로 신이 들어줘선 안 되는 기도잖아.

그렇다면 로또복권에 당첨되게 해달라는 것도 아니고, 옆집 아가씨의 자유의지를 침해해가면서 나한테 시집오게 해달라고 기도하는 것도 아니며, 이 땅의 평화와 수많은 생명을 구하겠다고 평화통일을 간구하는 기독교인의 공의로운 기도를 야훼께서는 왜 들어주지 않을까? 하나님의 때가 이르지 않아서라고 대답하는 사람도 있겠지. 하지만 한 생명이 천하보다 귀하다는 신의 가르침은 어디 가고, 수백만 명이 학살 당해도 오지 않는 그 하나님의 때란 도대체 언제일까? 사람을 살려달라는 기도는 들어주지 않던 신이 자신의 가르침을 따르지 않는다고 수십만 명을 지진과 해일로 죽이는 걸 보면 혼란스러울 뿐이야. 나는 그런 신을 도저히 사랑의 하나님이라고 칭송할 수가 없거든.

과연 야훼는 인간에게 자유의지를 줬을까? 난 그렇지 않다고 생각해. 성경에서 인간은 끊임없이 신의 눈치를 봐야 했고, 조금이라도 신의 마음에 들지 않는 행동을 하면 바로 징벌을 받거나 죽음을 당했어. 심지어 자식을 사랑하는 것조차 옳지 않다고 말할 정도로 신은 인간의 삶을 억압한 존재야. 「창세기」 22장을 보면 애정 결핍이 아닐까 싶은 신의 모습을 발견할 수 있어.

2 그때 여호와께서 아브라함에게 말씀하셨다. 너는 사랑하는 네 외아들 이삭을 데리고 모리아 땅으로 가 내가 지시하는 산에서 그를 나에게 제물로 바쳐라.

야훼는 자신이 총애하던 아브라함이 백 살에 얻은 아들 이삭에게 너무나 애정을 쏟자 그것을 질투했어. 그래서 아브라함에게 아들을 번제물로 바치라고 명령하지. 번제는 신에게 산 제물을 바칠 때 목을 자르고 팔다리를 잘라낸 뒤 배를 갈라 창자를 끄집어내고 몸통을 불에 태워 그 냄새를 신에게 드리는 제사 방법을 말해. 즉 신께서는 아브라함에게 아들의 목을 자르고 팔다리를 자른 뒤 배를 갈라 내장을 꺼내고 불에 태워 그 냄새를 맡고 싶다고 한 거야. 아브라함은 야훼의 광기 어린 명령에 한 마디도 토를 달지 않고 순종하지. 질투 때문에 아비에게 자식을 죽이라는 시험을 내리는 신. 그 모습에 어떤 사랑이 담겨 있을까?

기독교인은 이 이야기가 예화일 뿐이라고 말할 거야. 아브라함이 아들 이삭을 산 제물로 바치려는 순간 야훼는 그것을 중단하고 '네 믿음을 시험해본 것' 이라고 하니까. 하지만 이 예화 속의 전지전능한 신은 얼마나 질투에 사로잡힌 존재인가 말이야. 성경에서 '나는 질투하는 하나님' 이라고 고백할 정도로 인간적인, 너무나 인간적인 신의 존재를 어떻게 받아들여야 할까? 광대한 우주를 만든 이가 자식에 대한 아비의 사랑을 질투하는 애정 결핍증을 보인다는 걸 어떻게 받아들여야 하느냐고.

아비가 자식을 사랑하는 것이 죄일까? 인간도 부모 자식 간의 사랑은 내리사랑이란 걸 알아. 하지만 기독교의 하나님은 자신이 더 사랑 받지 못하면 죄악이라 치부하고 분노하는 존재야. 그런 신이 인간에게 자유의지를 줬다고? 그렇다면 그 자유는 자식도 맘대로 사랑하지 못하는 자유잖아.

결국 기독교는 인간에게 자유를 준 게 아니라 끊임없이 신의 눈치를 보며 행여나 신의 뜻을 어긴 건 아닐까 죄책감에 억눌리게 만들었어. 세상의 어느 부모가 자녀를 그런 죄책감에 억눌리게 하고 끊임없이 부모 눈치를 보게 만들까? 그런 부모가 있다면 그들은 자식을 독립된 인격체로 인정하지 않고 자신의 장난감쯤으로 여기는 거잖아. 「이사야」 43장에 보면 이사야 선지자는 신이 인간을 창조한 목적을 설명해.

7 그들은 다 내 백성이며 내 영광을 위하여 내가 창조한 자들이다.

이게 기독교의 핵심 사상이야. 인간의 행복을 위해 신이 존재하는 게 아니라 신을 위해 인간이 창조됐다는 것. 그래서 사도 바울은 「고린도전서」 10장에서 이런 말을 했지.

31 그러므로 여러분은 먹든지 마시든지 무엇을 하든지 모든 것을 하나님의 영광을 위해 하십시오.

난 저 말에 담긴 뜻을 생각할 때마다 섬뜩해. 내 삶의 모든 목적이 고작(?) 신의 기쁨조 역할을 위한 거라면 도저히 받아들일 수 없어.

기독교인은 구약성경의 모든 내용은 장차 올 예수에 대한 예언이라고 해. 이 말에는 엄청난 모순과 인간에 대한 비하가 담겨 있어. 구약성경의 모든 내용이 예수에 대한 예고편이라면, 유대인과 그 주변의 이방 민족은 수천 년 전부터 예수를 광고하기 위해 서로 피 흘리고 전쟁과 학살을 저지르면서 신이 두는 장기판의 졸로 사용됐다는 말이잖아. 예수를 광고하기 위해 수천 년 전부터 야훼가 써놓은 촬영 대본이 있었다는 얘기라고. 유대인은 그

대본을 받아 각자 배역을 맡고, 이집트의 포로 생활부터 로마의 식민지가 되기까지 수천 년 동안 대를 이어 연기한 셈이지. 그런데도 신은 인간에게 자유의지를 줬다고 말할 수 있을까?

뉴스를 보면 하루가 멀다고 세계 곳곳에서 일어나는 자살 폭탄 테러 이야기가 나오지? 적게는 몇 명, 많게는 수백 명이 자살 폭탄 테러로 죽는데, 그중 상당수는 이슬람교도의 소행이야. 민간인까지 폭탄 테러의 희생자로 삼는다는 점에서 테러라고 부를 뿐, 남의 땅을 차지하고 전쟁과 학살을 일삼는 이스라엘 정부를 옹호하는 건 아니야.

지하드(신을 위한 전쟁)에서 자살 폭탄 테러범들은 웃으면서 기쁜 마음으로 자기 몸에 폭탄을 친친 감아. 코란의 가르침에 따르면 지하드를 위해 순교한 자는 낙원에서 아름다운 처녀 72명에게 둘러싸여 영생을 누릴 수 있으니까. 그 모습을 바라보는 기독교인은 이슬람교의 교리가 정말 비이성적이고 폭력적인 것이라고 손가락질할 거야. 하지만 신을 위해 자기 삶을 희생하는 것이 신실한 믿음이라고 받아들이는 건 기독교인도 마찬가지잖아. 신앙은 비판의 대상이 아니라고 말하는 기독교인에게 묻고 싶어. 신에 대해 한 점 의심도 없이 자살 폭탄 테러를 저지르는 이슬람교도의 모습을 보면서 신앙은 비판의 대상이 될 수 없다고 생각해?

이건 이슬람교도에게만 해당하는 이야기가 아니야. 기독교가 신의 이름으로 얼마나 많은 사람들을 학살했는지 기독교인도 잘 알잖아. 심지어 같은 신을 섬기는 가톨릭과 개신교 사이에도 교리가 다르다는 이유로 증오와 학살이 끊이지 않는 것이 21세기의 현실이지.

내가 교회 다닐 때 자주 부른 복음성가 중에 이런 가사가 있어.

'…나의 생명을 드리니 주 영광 위하여 사용하옵소서. 내가 사는 날 동안에 주를 찬양하며 기쁨의 제물 되리.'

나와 함께 교회에 앉아 있던 교인 수만 명은 이 가사를 자신의 신앙고백인 양 눈물을 흘려가며 불렀지. 자신이 믿는 신을 위해 목숨을 내놓겠다는 고백, 자신을 제물로 써달라고 기원하는 고백.

알라를 위해 기쁘게 죽으러 가는 자살 폭탄 테러범과 야훼를 향해 저 찬양을 감격스럽게 부르는 기독교인이 얼마나 다를까? 알겠지만 알라와 야훼는 원래 모세가 전파한 똑같은 신이야. 이슬람교도는 그 신을 알라라고, 유대인은 야훼라고 부를 뿐이지.

나는 신을 위해 인간이 희생하는 걸 너무나 당연히 여기는 기독교인이나 이슬람교도가 불쌍해. 그리고 21세기에 사는 인류가 아직도 수천 년 전의 신화에 사로잡혀 서로 증오하고 학살하는 현실이 안타까워. 난 아이들이 부모인 나와 아내를 위해 목숨을 걸기 바라지 않아. 자식의 목숨을 요구하는 부모는 부모라고 할 수도 없잖아. 더구나 내 아이들이 나 때문에 서로 미워하고 차별하고 학살하고 전쟁을 일삼는다면 내가 부모란 걸 자책할 거야. 그런데 인간의 일거수일투족에 질투하고 삐치고 분노하고, 심지어 자기의 기쁨을 위해 인간의 희생과 목숨을 끊임없이 요구하는 신을 어떻게 받아들여야 해? 우주를 창조했다는 신의 그런 모습을 말이야.

나는 내 삶이 누군가의 기쁨을 위해 희생되기를 원치 않아. 내 아이들도 부모의 기쁨을 위해 희생하는 걸 원치 않고. 난 아이들이 신이 짊어지게 한 죄책감에서 벗어나 자신의 의지로 자유로웠으면 좋겠어. 이 글을 읽는 기독교인은 이런 내 생각이 사탄의 유혹이라고 하겠지만, 신의 눈치를 보지 않고 사는 자유가 죄라면 난 기꺼이 죄를 지으며 살고 싶어.

Q 성경을 읽다 보면 하나님이 인간의 자유를 간섭하고 징벌하는 모습이 나타나지만, 그것도 하나님의 사랑입니다. 인간의 머리로는 그런 하나님의 사랑을 이해할 수 없는 것뿐이죠. 돌 지난 아이가 열이 나면 부모는 주사를 맞힙니다. 하지만 아이 입장에서는 도무지 자신에게 아픈 바늘을 찌르는 이유를 알 수가 없죠. 아이에 대한 부모의 헌신적인 사랑을 아이의 논리력과 이성으로 이해하는 건 절대 불가능한 것처럼 말입니다.

A 그런 비유로 신의 사랑을 해석한다면 옴진리교 신도가 지하철 독가스 테러를 저지른 뒤 독가스 테러는 인간이 이해할 수 없는 신의 사랑이라고 주장해도 의심하지 않고 받아들여야 한다는 얘기가 됩니다. 이는 비유를 통해 본질을 왜곡하

고 미화하는 예일 뿐이죠. 인간이 이해(용납)할 수 없는 신의 모습을 그런 식으로 감싸줘선 안 된다고 봅니다.

옴진리교의 독가스 테러를 어디 감히 하나님의 사랑에 견줄 수 있느냐고 발끈하는 기독교인도 있겠지만, 딸 낳은 여자는 아들 낳은 여자보다 부정하다고 차별하는 하나님의 가르침엔 과연 어떤 사랑이 숨어 있는지 한번 생각해보세요. 신의 입장에서 볼 땐 인간이 벌레나 다를 바 없어서 남녀를 차별하라는 율법에 담긴 신의 사랑을 이해하지 못하는 건지 모르지만, 저는 이런 차별에 '아멘' 할 수가 없습니다.

설사 인간이 무지하고 수준이 떨어져서 이해하지 못할 뿐, 신이 사랑의 주사를 놓아주는 거라 해도 문제의 본질은 바뀌지 않습니다. 부모는 아이가 아픈 주사를 맞는 동안 발버둥치고 반항해도 아이를 버리지 않습니다. 하지만 성경에서 신은 자신이 놓는 주사를 거부하고 반항하는 인간을 저주하고 학살하거든요.

죄, 죄책감 그리고 구원

Sorry…
All right!

아무리 흉악한 범죄자라도 죽기 직전 하나님 앞에서 회개하면 구원 받을 수 있나?

먼저 한 가지 구분해서 생각할 게 있는데, 성경에서 말하는 죄와 현실 사회의 죄는 개념이 좀 달라. 법적으로 죄가 되지 않는 일이라 해도 신의 가르침에선 죄악일 수 있고, 법적으로 범죄지만 신의 가르침에 따르면 죄가 아닐 수 있다는 말이야.

예를 들어 혼인빙자간음죄. 여자한테 결혼하자고 거짓말한 뒤 잠자리만 하고 결혼하지 않는 남자들을 처벌하는 법규였지. 얼마 전 혼인빙자간음죄는 위헌판결이 났어. 혼인빙자간음죄는 여자가 독립된 인격체라는 걸 무시하는 차별법이야. 남녀가 잠자리를 하면 여자가 자기 몸을 남자에게 바친(?) 거니까 남자는 그에 대한 책임을 져야 한다는 논리인데, 그게 여자를 얼마나 우습게본 관점인지 여자들도 다 안다고. 하지만 남자가 여자와 잠자리를 하면 반드시 결혼해야 한다는 성경의 가르침에 따르면 혼인빙자간음은 여전히 죄야.

반대 예로는 불상의 목을 자르는 일이 있겠지. 이건 타인의 재물을 파손하는 행위고, 문화재보호법에도 어긋나는 짓이니까 앞으로도 법적인 처벌을 받을 수밖에 없는 범죄야. 그런데 야훼의 가르침에선 결코 죄가 아니지. 내가 「유일신 사상과 우상숭배」에서도 설명했지? 기독교인은 불상의 목을 자르는 사람을 이단이나 광신도로 폄하하지만, 적어도 성경에서 우상을 파괴하는 건 범죄가 아니라 하나님에게 칭찬 받을 행위야. 현대의 사회질서에 역행하는 짓이니까 자중하고 있을 뿐, 불상의 목을 자른 광신도(?)를 예수가 '넌 문화재를 훼손했으니 죄인!' 이라고 판결하지 않을 거라는 데 내 지갑에 있는 돈을 모두 걸게.

불상의 목을 자르는 건 예수님도 얼굴 찡그릴 일이라고 생각하는 기독교인도 있을 거야. 하지만 신구약을 통틀어 하나님이 다른 종교인과 더불어 오순도순 평화롭게 지내라고 말씀한 적이 한 번도 없다는 점을 되새겨봐. 우상을 파괴하라고 명령한 적은 여러 번 있어도 화목하게 지내란 말은 한 적이 없는데, 왜 신이 불상의 목을 자르는 일을 싫어할 거라고 확신하지? 그게 바로 이성과 신의 가르침이 충돌하는 지점이야. 다른 종교를 공격하거나 불상의 목을 자르는 건 해서는 안 되는 일이라고 머리로는 아는데, 성경의 가르침은 다르니까 말이야. '그래도 하나님은 그런 분이 아닐 거야' 라고 생각한다면 성경에도 나오지 않는 신의 모습을 기독교인이 멋대로 그린 거라고. 그런 충돌을 해결하지 못하고 신앙생활을 하는 건 아무런 생각 없이 무조건 믿는다는 광신과 조금도 다르지 않아.

죄를 바라보는 관점이 이렇게 다른 것은 성경 맨 앞부분에서 일어난 사건 때문이라고 볼 수 있어. 기독교인이 아니라도 태초에 신이 먹지 말라고 한 불량 식품을 먹는 바람에 아담과 하와가 에덴동산에서 쫓겨난 이야기는 들어봤을 거야. 그때 뱀의 꾐에 빠져서 인류가 최초로 따 먹은 불량 식품 이름이 선악과善惡果란 건 참 많은 의미를 내포해.

선악과는 에덴동산 중앙에 있는 나무에 달린 먹음직한 과일로, 아담과 하와가 사고를 치기 전엔 이름이 없었어. 야훼는 아담과 하와에게 에덴동산에 있는 어느 과일이나 먹어도 되지만, 동산 중앙에 있는 이 나무의 열매만큼은 손대지 말라고 했어. 먹는 날엔 죽을지도 모른다고 협박까지 하면서 말이야. 그런데 뱀은 「창세기」 3장에서 아담과 하와를 꾀며 이렇게 말하지.

4 그러자 뱀이 여자에게 말했습니다. "너희는 죽지 않아.
5 하나님은 너희가 그 나무 열매를 먹고 너희 눈이 밝아지면, 선과 악을 알게 되어 너희가 하나님과 같이 될까 봐 그렇게 말씀하신 거야."

이솝우화도 아닌데 뱀이 2개 국어(?)를 유창하게 구사하며 인간을 꾀는 기적에 대해선 일단 넘어가자고. 아담과 하와는 뱀의 꾐에 빠져서 열매를 따 먹었고, 그걸 신에게 들켜 에덴동산에서 쫓겨나. 야훼가 인간을 창조한 뒤 죄를 물어 징벌한 첫 사건이라고 할 수 있지. 흥미로운 건 이 징벌이 인간이 선과 악을 알았다는 데서 비롯됐다는 점이야. 선과 악을 구분하는 일은 어디까지나 신의 영역이었는데, 선악과를 먹은 뒤 인간이 선악을 판단하자 신은 그것을 죄라고 지목한 거지.

예를 들어 첫돌이 갓 지난 아기가 있다고 가정해봐. 아장아장 걷기 시작한 아기가 바닥에 떨어진 칼을 가지고 놀다가 형을 찔러 죽였어. 그럼 죄일까? 정답은 '죄 없음'이야. 그 아기에겐 죄라는 개념 자체가 없기 때문이지. 야훼는 인간에게 그런 아기와 같은 모습을 기대한 거야. 선과 악은 자신이 판단할 테니 너희 인간들은 자유롭게 살라고 했단 말이지.

아이를 키우다 보면 제일 예쁠 때가 언제인 줄 알아? 걷는 것도 뒤뚱뒤뚱 어딘가 어설프고, 제대로 문장을 이뤄서 말도 못 하고 띄엄띄엄 얘기하는 서너 살 때까지가 제일 귀엽고 예뻐. 그 후 조금씩 머리가 굵어지면서 고집도 늘고, 어느 순간 "아빠가 뭘 안다고 그래!"라고 반항하기 시작하면 자기 자식이라도 얄미울 때가 있지. 아마 신도 그런 심정이 아니었나 싶어. 자신이 창조한 인간이 계속 아무것도 모르는 어린아이 같은 상태로 있어주길 바란 모양이야.

하지만 설사 아기가 자라며 귀여움과 순수함을 잃더라도 부모는 자식이 성장하고 제 힘으로 설 수 있도록 최선을 다해 돕게 마련이야. 언제나 내 품에 반갑게 달려오던 딸아이가 어느 순간 같이 외출하는 걸 싫어하고, 친구들하고만 다니려고 하며, 남자 친구를 사귀고, 밤늦게 들어와 얼굴도 보기 힘들어지면 섭섭한 마음이 들기도 하겠지. 그렇다고 삐치고 질투하며 "그건 죄야!"라고 말하진 않아. 강아지 때는 그 작고 귀여운 몸짓에 귀여워하다가 다 커버린 개는 덩치도 크고 귀엽지 않다고 내버리는 못된 사람도 있지만, 부모는 자식의 성장을 두려워하거나 정죄하지 않는단 말이야.

하지만 야훼는 자신의 기대를 저버리고 선악과를 따 먹은 인간에게 징벌을 내렸어. 선과 악을 깨달은 대가로 인간은 신의 저주를 받아 낙원 밖 춥고 배고픈 현실 세계로 내동댕이쳐졌지. 이건 성경 전체를 관통하는 '선과 악'에 대한 접근법을 가르쳐주는 핵심 포인트라고 할 수 있어. 선과 악은 어디까지나 신이 판단할 영역이란 얘기지.

이 책 앞부분에서 여러 가지 예를 든 것처럼 성경에는 하지 말라는 항목이 참 많아. 생리 중엔 와이프랑 잠자리를 해서도 안 되고, 돼지고기를 먹어도 안 되고, 고추가 잘린 사내는 예배를 드리러 와도 안 되고, 안식일엔 900m 이상 걸어도 안 되고, 동성애를 해도 안 되고… 하여간 안 되고, 안 되고, 안 돼. 성경엔 해도 되는 걸 찾기 어려울 정도로 하지 말라는 것들이 빼곡히 적혀 있지. 앞에서 밝혔듯이 난 성경무오설이나 축자영감설을 지지하는 사람이 아니야. 내가 한창 기독교인으로 살아가며 방언하고, 새벽기도 출근부 찍고, 꼬꼬마들 성경 공부 가르치면서 중·고등부 교사 생활을 할 때 아이들한테는 이렇게 말해줬어.

"성경은 온갖 죄악의 종류를 나열해놓고 인간을 겁주려는 책이 아니란다. 인간은 죄인일 수밖에 없다는 것을 깨닫게 하기 위한 하나님의 사랑이 담긴 책이지."

기독교에서 말하는 죄라는 건 살인을 하든, 강간을 하든, 도둑질을 하든, 독재자가 돼서 국민을 학살해도 구원 받지 못할 이유가 없어. 다른 종교인은 살인자나 독재자도 천국에 갈 수 있다고 말하는 기독교의 교리를 이해할 수 없다고 생각하겠지만, 이건 모두 선과 악이란 개념을 어느 시점에서 접근할 것인가 하는 문제야. 기독교에서 말하는 구원 받지 못할 죄는 하나님을 믿지 않는 것, 하나님을 사랑하지 않는 것, 하나님을 증오하고 부정하는 것이지. 이건 구약뿐만 아니라 신약시대에도 동일하게 적용되는 기독교의 핵심 사상이야.

기독교는 온갖 죄의 항목을 적어놓고 인간의 어깨에 죄책감이란 짐을 올려놓은 다음, 예수가 그 짐을 대신 져주는 시스템을 통해 구원을 이룬다고 해. "봐, 너희는 결국 죄의 문제에서 벗어날 수 없어. 그러니까 죄인이라는 걸 인정하고 예수(하나님)에게로 나오면 그 짐을 다 내려놓게 해줄게"라고 말하는 거지. 그리고 이런 신의 성품을 향해 '하나님은 사랑'이라고들 해.

불교는 업보라고 해서 자신이 저지른 잘못은 스스로 책임져야 한다고 가르쳐. 하지만 기독교의 교리에선 모든 인간이 죄인이되, 그 죄를 신에게 고백하고 예수가 구원자라는 걸 인정하기만 하면 구원에 이를 수 있다는 거야. 물론 자기 죄를 회개하는 과정이 그렇게 쉽다고는 할 수 없지만 말이야. 인간의 행위가 아니라 야훼의 맘에 들어야 천국행 티켓을 받을 수 있다는 것. 신약성경을 절반 가까이 저술한 사도 바울은 「디도서」 3장에서 다음과 같은 이야기를 했어.

5 우리는 우리의 올바른 행동을 통해서가 아니라 하나님의 은혜로 구원을 받았습니다.

이건 예수의 가르침을 요약한 기독교의 핵심이라고 할 수 있지. 구약에서도 이런 가르침이 선명하게 드러나는데, 대표적인 예가 이스라엘 민족의 출애굽 과정이야. 노예 생활을 하던 유대인은 모세의 인도로 이집트를 탈출한 다음, 신이 예비한 젖과 꿀이 흐르는 땅이라는 가나안으로 들어가기 위해 기나긴 행군을 시작해. 문제는 이 행군이 너무 고달팠다는 거야. 아무리 노약자 데리고 사막을 끼고 돈다고 해도 이집트에서 가나안까지는 한두 달이면 갈 수 있는 거리인데, 야훼는 자그마치 40년을 빙빙이 돌리면서 유대인의 속을 태웠거든. 결국 처음에 이집트를 탈출한 유대인 1세대는 여호수아와 갈렙을 제외하고는 아무도 (심지어 이집트 탈출을 진두지휘한 모세조차) 가나안 땅에 들어가지 못해. 가나안 땅에 들어간 건 이집트에서 노예 생활을 겪어보지 않은 출애굽 2세대지.

그러니 수십 년 동안 힘겹게 광야를 빙빙이 돌던 유대인은 신에 대한 원망이 목구멍까지 치밀어 오를 수밖에. 유대인이 광야 생활을 하는 동안 수시로 야훼에게 반항하고 우상을 섬기니까 참다못한 야훼가 '선택된 백성'을 모질게 학살하기 시작했어. 하나님은 학살 와중에도 사랑을 보여주지. 모세오경 중 하나인 「민수기」 21장의 내용 일부야.

5 그들은 하나님과 모세를 원망하며 왜 우리를 이집트에서 끌어내어
이 광야에서 죽이려 하시오? 여기는 먹을 것도 없고 마실 물도 없지
않소? 이제 이 지겨운 만나도 신물이 나서 못 먹겠소! 하고 모세에
게 불평하였다.
6 그때 여호와께서 그들 가운데 독사를 보내셨다. 그래서 많은 사람
들이 독사에 물려 죽었다.
7 그러자 사람들이 모세에게 와서 우리가 하나님과 당신을 원망하여
죄를 지었습니다. 제발 여호와께 기도하여 이 뱀들을 없애 주십시
오 하고 애걸하였다. 모세가 그들을 위해 기도하자
8 여호와께서 모세에게 놋뱀을 만들어 장대에 매달아 뱀에 물린 자마
다 그것을 보고 살게 하라 하고 말씀하셨다.
9 그래서 모세는 놋뱀을 만들어 장대에 매달아 두었는데 뱀에 물린
자마다 그 놋뱀을 쳐다보고 살아났다.

모세와 신을 원망하던 유대인에게 하나님이 뱀을 보내 학살을 시작하자, 덜컥 겁먹은 사람들이 모세를 찾아와 살려달라고 비는 장면이야. 그런데 신이 유대인의 죄를 용서해주는 방법이 참 흥미롭지 않아? 하나님은 모세에게 놋으로 뱀 모양을 만들어 장대에 높이 세우라고 했어. 뱀에 물린 자들이 장대 위의 놋뱀을 보기만 하면 살아날 수 있게 하신 거지. 감히 신을 원망하고 우상을 섬기는 죄를 저질렀지만, 고개를 들어 놋뱀을 보라는 야훼의 명령에 순종하기만 하면 생명을 얻을 수 있었어. 죄가 있고 없고가 아니라 야훼의 명령을 따를 의지가 있느냐 없느냐에 따라 구원이

결정됐다는 얘기지.

이 장면을 보면서 뭔가 떠오르는 게 없어? 장대 위에 높이 들린 뱀, 그것을 보기만 하면 생명을 얻을 수 있는 인간. 이건 예수의 십자가 죽음을 예언하고 상징하는 사건이야. 아무리 흉악한 죄를 저지르고 인간들 사이에선 용서 받지 못할 죄인이라고 해도 십자가에 높이 들린 예수를 바라보고 믿기만 하면 구원을 얻을 수 있다는 구약의 예언이지. 이렇듯 신의 성품은 사랑이라는 기독교의 핵심 사상이 가장 극명하게 드러난 성경 구절은 「요한복음」 3장 16절이야.

16 하나님이 세상을 이처럼 사랑하사 독생자를 주셨으니 이는 그를
믿는 자마다 멸망하지 않고 영생을 얻게 하려 하심이라.

여기서도 예수를 믿는 자마다 멸망하지 않고 영생을 얻는다고 표현하지. 인간의 선행이나 악행으로 구원이 결정되는 게 아니라는 것은 바로 앞의 14~15절에서 다음과 같이 설명해.

14 모세가 광야에서 뱀을 든 것 같이 인자도 들려야 하리니
15 이는 그를 믿는 자마다 영생을 얻게 하려 하심이니라

놋뱀을 올려다보는 것만으로 생명을 얻은 출애굽 시대의 유대인처럼, 신약에선 십자가에 달린 예수를 믿는 것이 구원의 길이라는 말이지. 그래서 기독교의 구원은 행위가 아니라 믿음으로

얻는 거야.

'밀양' 이란 영화를 본 사람은 알 거야. 이게 얼마나 황당한 시추에이션인지. 영화에서 이신애(전도연)는 남편과 사별한 뒤 아들마저 유괴되어 시체로 발견되는 지독한 아픔을 겪은 여사야. 그녀는 아픔을 견디다 못해 신에게 의지하고 독실한 기독교인이 돼. 그리고 사랑의 하나님을 본받아 자기 아들을 죽인 유괴범을 용서해주겠다는 놀라운 결심을 하고 형무소를 찾아가지. 그녀가 형무소에서 만난 유괴범의 얼굴은 너무나 편안해 보였어. 그 역시 하나님을 만난 거야. 아들을 잃은 이신애는 유괴범을 용서한 적이 없는데, 유괴범은 하나님을 만나 용서를 받았다고 얼굴에 화색이 돌며 은혜로운 표정으로 신의 사랑에 대해 말하지. 아들을 잃은 건 자신인데 아들을 유괴한 것도 모자라 죽인 살인자의 죄를 왜 하나님이 용서한다는 건지 이해할 수 없어서 그녀는 반쯤 미쳐.

오해하지 마. 복수를 권장하자는 건 아니야. 하지만 왜 선과 악을 신이 판단해야 하고, 신이 멋대로 용서하며, 인간은 신의 명령을 따르는 무지한 갓난아기 상태로 있어야 할까?

하나님이 특별히 아끼고 사랑한 이스라엘의 2대 왕 다윗을 보면 그런 의문이 더욱 깊어져. 「사무엘하」 12장에 성군 다윗이 저지른 끔찍한 죄가 기록되었어. 그는 부하의 아내를 빼앗기 위해 우리아를 최전선으로 보낸 뒤 지원 병력을 철수시키는 방법으로 자기 손을 더럽히지 않고 간접 살인을 해. 그리고 우리아가 전사하자 잽싸게 그의 아내 밧세바를 궁전으로 불러들이지. 그 사실을 선지자 나단이 지적하고 회개를 촉구하자 다윗은 곧바로 자기 죄를 인정했어.

13 그러자 다윗이 내가 여호와께 범죄하였습니다 하고 나단에게 자기
잘못을 고백하였다. 그래서 나단은 이렇게 대답하였다. 여호와께
서는 왕을 용서하셨습니다. 그러므로 왕은 죽지 않을 것입니다.
14 그러나 왕이 원수들에게 여호와를 경멸하고 모독할 기회를 주었으
므로 왕의 아들이 죽게 될 것입니다.
15 나단이 집으로 돌아간 후에 여호와께서는 우리아의 처가 다윗에게
서 낳은 아이를 심한 병에 걸리게 하셨다.

이 장면, 뭔가 이상하지 않아? 다윗은 여호와 하나님께 범죄했다고 말할 뿐, 자신이 죽인 우리아에게 잘못했다고 고백하지 않았어. 다윗이 정말 자기 잘못을 인정하고 우리아에게 못 할 짓을 했다고 여겼다면 당연히 밧세바를 궁전에서 내보냈어야 해. 도둑질을 해놓고 훔친 물건은 돌려주지 않으면서 '도둑질해서 죄송합니다' 라고 말하면 웃긴 거잖아. 하지만 다윗은 여전히 밧세바를 끼고 살면서 회개하고 있어. 다윗이 미안하게 생각하는 대상은 하나님이지 죽은 우리아가 아니란 말이야.

다윗은 야훼라는 신의 본성을 정확히 꿰뚫어 봤어. 부하를 전장에 보내서 죽이는 것쯤은 당시 왕의 권한으로 얼마든지 가능한 일이었단 말이야. 그러니까 다윗은 부하나 백성 앞에선 하나도 창피할 게 없었고, 다만 하나님한테 잘못했다는 얘기지. 이게 바

로 성경에서 하나님께 가장 많은 사랑을 받은 왕이라는 다윗의 신앙이자, 기독교의 죄와 구원에 대한 원칙이야. 죄인지 아닌지는 인간이 아니라 신이 판단할 문제라는 것.

하나님이 다윗의 회개를 받아들이긴 했지만, 다윗과 밧세바 사이에 태어난 자식을 죽여서 다윗에게 죗값을 치르게 했다고 해석하는 기독교인도 있어. 하나님의 용서라는 건 지옥에 떨어질 영혼을 건져준 것일 뿐, 결국 자기 죗값은 이 땅에서 치른다는 얼핏 들으면 그럴듯한 해석이야. 그런데 이 논리엔 하나 빠진 것이 있어. 아비의 죄로 인해 신에게 죽음을 당한 죄 없는 갓난아기는 왜 아무도 기억하지 않지? 내가 사생아에 대한 차별을 이야기한 것 생각나? 연좌제 이야기를 하면서 가족이나 타인의 죄를 물어 처벌하는 건 옳지 않다고 말했지. 그런데 「신명기」 23장에서 부모의 잘못으로 태어난 사생아를 차별하던 야훼가 바로 다음 장에선 이렇게 말씀하셔.

16 자식이 잘못했다고 해서 부모를 죽이지 마시오. 그리고 부모가 잘못했다고 해서 자식을 죽여서도 안 되오. 사람은 자기가 지은 죄로만 죽임을 당해야 하오.

자신이 한 말도 고작 성경 한 장만 넘기면 뒤엎는 신의 가르침을 어떻게 이해해야 하지? 아비의 죄로 인해 죄 없이 죽은 갓난아이에 대한 동정 같은 건 성경에 나오지 않아. 그것 역시 신이 판단할 문제고, 하나님의 사랑이니까.

종교가 인간에게 죄책감을 심어주고 그것을 구원과 거래하는 도구로 삼는다면, 난 그런 죄책감에서 자유롭고 싶어. 영화 '구르믈 버서난 달처럼'의 원작을 그린 박흥용 화백은 독실한 기독교인으로 알려져 있어. 영화엔 나오지 않지만 원작을 읽어보면 이런 이야기가 나와. 개울가에 빨래를 하러 나온 아낙이 빨래하는 동안 어린 아기가 멀리 가지 못하고 다치지 않게 아이의 발목을 긴 기저귀로 묶어 나무에 매어두면 그 줄은 아이에게 자유인가, 한계인가?

기독교적인 관점에서 보면 그 줄은 한계나 구속이 아니라 자유고 사랑이지. 하지만 생리 중인 아내와 섹스 하면 죽이고, 동성애를 하면 죽이고, 다른 종교를 믿지 않겠느냐고 권하면 처자식이라도 죽이고, 아비의 죄를 대신해 갓난아기까지 죽이는 그 줄을 난 도저히 자유라고 받아들일 수가 없거든.

기독교인이 믿는 천국의 영원한 삶을 놓고 보면 길어야 100년도 안 되는 인간의 삶은 정말 찰나와 같아. 기독교인이 영생을 위해 현실의 삶을 절제하고 희생해야 한다고 말하는 것도 그 때문이지. 그런데 정말 영원한 사후 세계가 있고 천국이 있다면, 찰나도 안 되는 이 땅에서 지은 죄 때문에 한 인간을 영원토록 지옥에 가두는 게 옳은 일일까? 더구나 그 이유가 단지 자신을 사랑하지 않았다는 신의 질투와 섭섭함 때문이라면, 우린 그 사랑의 하나님을 어떻게 바라봐야 할까?

Q 행위로 구원 받는 게 아니라는 말을 오해하는 사람들이 많더군요. 예수를 믿으면서 온갖 죄를 저지르다가 죽기 전에만 회개하면 천국에 간다고 착각하는 사람들도 있습니다. 하지만 그것은 결코 사실이 아닙니다. 하나님을 제대로 믿는 사람이라면 죄악을 범하며 살 수가 없습니다.

A 질문하신 내용을 자기 부하를 죽이고 그 아내를 빼앗은 뒤 회개 한 번으로 용서 받은 다윗에게 적용해보세요.

성경에서
말하는
믿음

무조건 믿는 것이 올바른 신앙일까?

이번에는 성경에서 말하는 믿음이란 무엇인지 다뤄보려고 해. 야훼를 믿는 종교인에게는 인생의 가치관이자 시간과 돈과 열정을 바쳐도 아깝지 않고, 자살 폭탄 테러범들이 수백 명을 죽이면서도 주저하지 않을 수 있도록 만드는 신에 대한 믿음이란 도대체 어떤 것일까? 기독교뿐만 아니라 유대교, 이슬람교까지 그들의 경전에서 믿음의 조상으로 꼽는 인물이 아브라함이야. 아브라함은 야훼를 섬기는 종교들을 이해하기 위한 중요 인물이니까 지루하더라도 반드시 알아둘 필요가 있어.

「창세기」엔 아브라함의 인생이 쭉 서술되는데, 그의 삶을 한마디로 요약하면 '신에 대한 끊임없는 복종'이라고 할 수 있어. 기독교식으로 표현하면 순종이지. 앞에서도 잠깐 언급한 적이 있는데, 아브라함은 자식을 산 제물로 바치라는 신의 명령에 군소리 없이 따랐을 정도로 복종심이 대단했어. 어린 아들에게 자기 몸을 불태울 장작을 지게 한 뒤 묵묵히 산으로 올라가는 그의 이야기를 읽을 때 난 섬뜩함마저 느꼈지. 아브라함은 정말 아들의 목을 자르고 팔다리를 자른 뒤 칼로 배를 갈라 내장을 끄집어내고 남은 몸통을 불에 태워 하나님에게 그 타는 냄새를 바치려고 했어. 이 장면은 아브라함의 믿음을 설명하는 데 꼭 필요한 부분이니 「창세기」 22장을 읽어보자고.

9 …아브라함은 그 곳에 제단을 쌓고 장작을 벌여 놓은 다음, 자기 아들 이삭을 묶어 제단 장작 위에 올려놓았습니다.
10 그리고 나서 칼을 들어 자기 아들을 죽이려 했습니다.
11 그 때에 여호와의 천사가 하늘에서부터 그를 불렀습니다. "아브라함아, 아브라함아!" 그러자 아브라함이 "예, 제가 여기에 있습니다"라고 대답했습니다.
12 천사가 말했습니다. "네 아들에게 손대지 마라. 아무 일도 그에게 하지 마라. 네가 하나밖에 없는 아들을 아낌없이 바치려 하는 것을 내가 보았으니, 네가 하나님을 두려워하는 줄을 이제 내가 알았노라."

이 일화에서 드러나는 질투에 사로잡힌 신의 모습은 지난번에 설명했으니 넘어갈게. 어쨌든 아브라함은 질투심 많고 애정 결핍에 걸린 야훼에게도 절대복종한 믿음 좋은 사람이었단 말이지. 실제로 그는 어디로 이사를 가라는 명령부터 인류 최초로 포경수술을 받으라는 명령까지 시시콜콜한 신의 명령들마저 모두 복종하는 믿음을 보였어(아브라함의 포경수술은 유대인에게 '할례' 라는 종교 행위인데, 산 제물을 바치던 원시종교들의 잔재라고 해석하는 견해가 있어. 산 제물을 바치려면 아무래도 희생이 크니까 몸의 일부를 잘라 신에게 바치는 거지. 그러다 보니 인간에게 생명을 상징하는 고추의 일부를 잘라낸다는 기발한 생각을 한 거야).

그런데 아브라함이 처음부터 자식을 산 제물로 바칠 정도로 신에 대한 믿음이 대단했던 건 아니야. 성경에서 아브라함은 하나님이 자신에게 약속한 것들을 신뢰하지 않아서 여러 차례 좌충우돌하는 모습을 보여주거든. 「창세기」 12장에서 야훼는 아브라함에게 살던 고향을 떠나라고 명령한 뒤 그를 다음과 같은 말로 안심시키지.

3 너에게 복을 주는 사람에게 내가 복을 주고, 너를 저주하는 사람을
내가 저주하겠다.

그런데 아브라함은 그런 신의 약속을 믿지 못할 뿐만 아니라 피해망상에 빠져. 그는 자기 아내 사라가 예쁘니까 이집트인이 자신을 죽이고 아내를 빼앗아갈 거라고 생각해. 급기야 그는 아내를 누이라고 속여 자기가 살 방도를 마련하지.

11 "당신은 매우 아름다운 여자요.
13 …그러니 당신은 그들에게 내 누이라고 말하시오. 그러면 나에게
나쁜 일이 일어나지 않고 당신 덕분에 나도 살 수 있게 될 것이오."

내가 피해망상이라고 말한 것은 아브라함이 야훼의 명령을 받아 고향을 떠날 때 나이가 75세고, 그의 아내 사라는 환갑을 넘긴 65세였기 때문이야. 아브라함이 거느린 종만 수백 명이 넘는데, 그중엔 젊고 예쁜 여종도 있지 않았겠어? 세상엔 별의별 취향이 있다지만, 젊고 예쁜 여자들 놔두고 환갑을 한참 넘긴 할머니한테 음심을 품을 놈들이 있을 거라고 생각하는 건 피해망상도 정도가 지나치지. 이쯤 되면 자기 마누라가 예뻐 보이는 팔불출 수준을 넘어섰다고 볼 수밖에.

그런데 그 황당한 일이 실제로 일어났어. 사라의 미모를 보고 반한 이집트 파라오가 그녀를 궁전에 들인 거야. 사람 얼굴을 그려도 옆얼굴만 그릴 때부터 알아봤다만, 도대체 이집트인의 미적 기준은 뭐가 뭔지 모르겠어.

기독교인은 이 부분을 이야기할 때 "그 시기의 인간은 수명도 길었고, 환갑 정도엔 여전히 아름다움을 유지할 수 있었다"고 말해. 하지만 인간들이 요정처럼 오래 살면서 섹시함을 유지했다는 이야기는 당시 이집트의 어느 기록을 찾아봐도 없어. 야훼께서 아브라함과 그 가족에게만 젊음을 유지하는 마법의 물약을 줬는지 몰라도, 내가 이집트 왕이라면 환갑 넘은 할머니를 보고 반하진 않을 것 같아. 나이 드신 분들의 내면의 아름다움은 인정하지만 외모를 기준으로 봤을 때 말이야.

성경에 꼭 신화 속 이야기처럼 말도 안 되는 내용이 나오는 건 앞에서 여러 번 지적했으니 다시 말하지 않을게. 하여간 아브라함은 자기 마누라를 다른 남자에게 바치고 안도의 한숨을 쉬는 소심한 영감님이었단 말이지. 이런 아브라함을 보다 못한 야훼께서 파라오의 집안에 온갖 재앙을 내리자, 파라오는 겁을 먹고 사라를 아브라함에게 돌려줘.

그 후로도 신은 계속 아브라함을 보호하며 주변 부족들과 싸움에서 승리하게 해주지. 야훼는 「창세기」 15장에서 다시 한번 아브라함을 안심시키려고 이렇게 말해.

1 이 일들이 있은 후에 여호와께서 환상 가운데 아브람에게 말씀하셨습니다. "아브람아, 두려워하지 마라. 나는 네 방패이다. 내가 너에게 큰 상을 줄 것이다."

이 정도로 해줬으면 야훼를 믿을 만도 한데, 겁 많고 소심한 성격은 몇십 년이 지나도 고쳐지지 않았어. 아브라함이 그랄 지역에 머무를 때 또다시 자기 아내를 누이라 속이고 그 지역을 다스리던 아비멜렉 왕에게 바치지. 그때 아브라함의 나이 99세, 사라는 89세였어. 아브라함은 이복동생이던 사라와 결혼했으니까 엄밀히 따지면 누이라는 건 거짓말이 아니긴 해. 결국 또 야훼가 나서서 아비멜렉의 꿈자리를 뒤숭숭하게 만들어 사라를 돌려주게 하지만, 이런 아브라함의 모습을 보면서 믿음의 조상이라고 존경심을 품기는 쉽지 않은 일이야.

더구나 그는 하나님이 대를 이을 아들을 주겠다고 분명히 약속했는데도 사라가 80대 중반이 다 되어가도록 아이를 낳지 못하자 이집트 출신 계집종 하갈을 첩으로 들였지. 그리고 하갈에게서 이스마엘이라는 아들을 얻어. 하갈은 주인의 아이를 낳은 뒤 기고만장해져서 사라를 업신여겼고, 사라는 그런 하갈을 향해 복수의 칼을 갈았지.

그러다가 사라는 아흔 살에 아브라함의 아들 이삭을 낳는데, 이게 하갈한테는 제대로 꼬인 상황이야. 사라는 아브라함을 들볶아서 자기를 괄시하던 하갈과 그 아들 이스마엘을 쫓아버렸거든. 이렇게 쫓겨난 이스마엘의 자손들은 나중에 야훼를 알라라고 부르는 이슬람교도가 되어 이삭의 후예인 유대 족속을 두고두고 괴롭히지.

중동 지역의 이슬람교도는 자신들을 이스마엘의 후예라고 믿어. 유대교와 기독교에선 아브라함의 적자嫡子를 이삭이라 여기고 기독교는 이삭의 계보에서 예수가 탄생했다고 믿지만, 이슬람교에선 아브라함의 적자는 이스마엘이라고 생각한다는 거야. 그러니까 성경 내용이 다 실제 일어난 일이라고 믿는다면 수천 년에 걸친 유대인과 팔레스타인인 이슬람교도의 싸움은 신을 제대로 믿지 않은 아브라함의 잘못에서 비롯된 거야.

이런 아브라함이 믿음의 조상이라고 불릴 수 있는 건 그가 신에게 행한 복종에 그 의미가 있어. 소심하고 겁 많은 성격에서 비롯된 신에 대한 두려움이 아브라함으로 하여금 자식마저 바치게 만든 거지.

내가 생각하는 기독교의 믿음은 세 가지 요소가 있는데, 첫째가 복종이야. 기독교인은 복종이 아닌 순종이라고 말하겠지만, 순종이든 복종이든 그 밑엔 신에 대한 두려움이 있다고 봐. 신을 사랑해서가 아니라 죽음과 지옥에 대한 두려움이 그런 복종을 이끌어내는 원동력이란 말이야. 기독교인은 아브라함이 신을 사랑해서 자발적으로 순종한 거라 말하고 싶겠지만, 아브라함이 아들 이삭의 목을 베려던 순간에 천사가 뭐라고 했는지 살펴봐.

네가 하나님을 두려워하는 줄을 이제 내가 알았노라.

영문 성경엔 다음과 같이 나오지.

Now I know that you fear God, because you have not withheld from me your son, your only son.

여기서 천사는 아브라함이 하나님을 향해 느낀 감정을 'fear'라고 표현하지. 다 알겠지만 fear는 두려움과 공포를 뜻하지, 사랑과는 전혀 상관없는 단어잖아.

자기 아내를 두 번씩이나 권력자에게 바칠 정도로 소심하고 겁 많은 노인이 자신의 머릿속에서 울려대는 신의 목소리를 듣고 과연 어떤 태도를 보였을까? 신의 음성에 따라 고향을 떠나 이사한다거나, 포경수술(할례) 정도는 할 수 있었겠지. 하지만 실제 눈앞에 보이는 현실 속 권력자 앞에선 한없이 비굴하던 아브라함의 모습을 생각해보라고. 그래도 그의 행동을 순종이라고 말할 수 있을까?

물론 이건 누구에게 배운 성경 해석이 아니라 나만의 해석이야. 기독교는 교파마다 자기 성경 해석이 옳다고 싸우는 게 일인데, 나라고 내가 보는 성경 해석을 말 못 할 이유가 없잖아.

아브라함이 믿음의 조상이라고 불리는 또 다른 이유는 그가 혈연관계로도 아랍인과 유대인의 조상이 되기 때문이야. 성경 속 아브라함이 실존 인물이라면 아랍인과 유대인 모두 아브라함의 자손이란 말이지. 아브라함의 이름은 원래 아브람인데, 그의 믿음 때문에 야훼가 직접 아브라함이라는 이름을 주지. 아브라함은 '열국(列國 : 여러 나라)의 아비'라는 뜻이야. 이 내용이 「창세기」 17장에 나와.

4 이것은 내가 너와 세우는 언약이다. 너는 여러 나라의 조상이 될 것이다.
5 내가 너를 여러 나라의 조상으로 만들었으니, 이제부터 너의 이름은 아브람이 아니라 아브라함이 될 것이다.

아이로니컬하게도 그렇게 아브라함에게 주어진 신의 축복(?)으로 인해 인류는 수천 년 동안 끊이지 않는 전쟁과 학살에 시달려. 그 까닭은 「창세기」 15장을 보면 알 수 있지.

18 그 날, 여호와께서 아브람과 언약을 세우셨습니다. "내가 이 땅을 네 자손에게 줄 것이다. 내가 네 자손에게 이집트의 강과 저 큰 강 유프라테스 사이의 땅을 주리니…"

「창세기」 17장엔 야훼가 이 내용을 구체적으로 아브라함에게 약속해.

8 너는 지금 이 가나안 땅에서 나그네로 살고 있다. 그러나 내가 이 땅 전체를 너와 네 자손에게 영원히 주며, 나는 네 자손의 하나님이 되어 주겠다.

유대인은 「창세기」에 적힌 야훼의 저 약속을 믿고 자기들의 영토를 확정한 거야. 그것도 영원히 그 땅이 자기들 것이라고 믿었지. 이삭의 후예라고 자처하는 유대인과 이스마엘의 후예를 자처하는 아랍인은 야훼가 아브라함의 후손에게 약속한 그 땅의 소유권을 놓고 각각 자신들이 정통 후예임을 주장하며 끊임없이 싸워. 덕분에 이스라엘은 2000년 넘게 나라 없이 떠돌다가 갑자기 팔레스타인 지역 땅을 비집고 들어가 자기들 땅이라고 선포하고 깡패 국가처럼 전쟁을 일삼고 있지. 아브라함 이야기를 하다가 조금 샜는데, 어쨌든 기억해. 아브라함은 믿음의 세 가지 요소 중 자식을 산 제물로 바칠 만큼 복종의 미학을 보여준 덕분에 믿음의 조상이라고 불릴 수 있었다는 사실.

내가 생각하는 믿음의 둘째 요소는 자기희생이야. 「열왕기상」 17장에 보면 엘리야 선지자 이야기가 나와. 그는 죽지 않고 살아서 천국에 올라간 것으로 유명한 인물이지. 놀라운 신의 기적을 믿지 못하는 건 내가 불순한 탓일 테니 난 이 땅의 이야기만 하겠어.

엘리야가 활동하던 시기는 이스라엘 통일 왕국이 멸망하고 아합이란 왕이 북이스라엘을 다스리던 때인데, 아합은 야훼가 아닌 이방인의 신을 섬기던 사람이야. 지금까지 봐서 알겠지만 야훼는 '우상숭배=저주와 징벌'이라는 공식을 철저히 따르는 사랑의 하나님이잖아. 이번에도 신은 아합 한 사람의 죄악 때문에 북이스라엘에 가뭄이 들게 해서 백성을 도탄에 빠뜨리지.

신의 심통 때문에 많은 백성이 고통 받던 때, 엘리야는 신의 명령에 따라 한 과부의 집을 찾아가. 사르밧이란 마을에 살던 이 과부는 남편을 잃고 어린 아들과 함께 지냈는데, 가뭄 때문에 양식이 떨어진 상태였어. 그녀는 항아리 밑바닥에 남은 밀가루 한 줌으로 떡을 만들어 아들에게 먹인 뒤 함께 죽으려고 했지. 그런데 엘리야는 불쌍한 과부를 찾아와서 말해.

13 …먼저 그것으로 나를 위하여 작은 떡 한 개를 만들어 내게로 가져오고 그 후에 너와 네 아들을 위하여 만들라
14 이스라엘의 하나님 여호와의 말씀이 나 여호와가 비를 지면에 내리는 날까지 그 통의 가루가 떨어지지 아니하고 그 병의 기름이 없어지지 아니하리라 하셨느니라.

말하자면 벼룩의 간을 내달란 거야. 그런데 이 과부는 엘리야의 말에 순종해서 마지막 밀가루로 떡을 만들어 바치지. 그러자 엘리야의 말처럼 곡식 항아리에서 밀가루가 끊이지 않고 차올라 모자는 굶어 죽지 않고 무사히 가뭄을 넘겼다고 기록되었어. 부모라면 자식을 자기 목숨보다 사랑하게 마련이야. 그런데 자식에

게 먹일 마지막 식량을 신의 사자에게 바치면서 희생하는 걸 당연히 여기는 모습. 이게 바로 기독교에서 말하는 자기희생의 믿음이지.

사르밧 과부의 이야기는 지금도 한국 교회 목사들이 수시로 예배 시간에 설교하면서 '목사를 제대로 대접해야 당신들이 복을 받는다' 고 이용해 먹는 구절이야. 왜냐하면 아무리 없이 살아도 목사를 대접할 줄 알아야 사르밧 과부처럼 복을 받으니까. 자식이 굶어 죽을 상황에도 신에게 남은 재산을 바칠 수 있는 게 믿음이라는 얘기지.

그런데 전지전능하다는 신은 꼭 이렇게 사람을 시험해봐야 그 믿음을 알 수 있을까? 야훼께선 사람의 중심을 본다고 말씀했잖아. 꼭 뭔가 바쳐야 자신이 사랑 받는다는 걸 확인할 수 있느냐 말이지. 기독교인은 이렇게 말할 거야.

"자식한테 뭐든지 주기만 하면 자식은 부모를 공경하는 법을 배우지 못한다. 마음이란 건 성의를 드러내 표현하지 않으면 위선이 되기 쉽다. 그러니 부모를 사랑한다면 그 마음을 표현하는 법을 가르쳐야 한다."

이 말, 충분히 동감해. 나 역시 자식 키우는 입장에서 아이들 덕을 볼 생각은 없지만, 부모에게 받는 걸 당연하다고 생각하는 녀석들로 키우고 싶지도 않거든. 하지만 내 새끼 인성 교육을 하겠다고 가난한 자식한테 월세 보증금 빼서 내 차 바꿔달란 소리는 못 하겠단 말이야. 내일 먹을 양식 걱정하는 새끼한테 효도 관광 보내달라는 부모는 문제가 있잖아.

믿음의 시험만 통과하면 그 후엔 축복이 있으니까 결국 하나님의 은혜라고 말하는 기독교인도 있을 거야. 하지만 그 시험을 통과하지 못한 사람들에게 내려질 저주와 징벌을 생각한다면 난 그게 신의 은혜라고 생각할 수가 없어. 인간의 부모도 자식에게 그런 계산적인 사랑을 하진 않잖아. 난 신이 주겠다는 축복에 관심이 없어. 우주를 창조한 야훼께서 인류를 정말 사랑한다면 동네 마트에서 쿠폰 모아 경품 타듯이 축복이나 구원을 미끼로 거래하면 안 되는 거잖아.

먹고 죽을 양식도 없는 과부의 마음을 아프게 하면서까지 그놈의 믿음을 시험해야겠느냐는 말이지. 끊임없이 사랑 받고 싶어하고, 그 사랑을 확인하고 시험하려는 신. 그런 식으로 받아야 줄 수 있다는 'Take&Give'의 사랑을 가르치니까 오히려 인간들이 더 각박해진다는 생각을 신은 못 하는 걸까?

내가 생각하는 믿음의 셋째 요소는 절대적인 신뢰야. 다른 식으로 말하면 아무 의심도 하지 않는 것이라고 할 수 있지. 예수의 열두 제자 중에서 가장 우직한 성격으로 신뢰를 받던 인물이 베드로야. 「마태복음」 14장에서 그는 물 위를 걷는 예수를 보고 자신도 물 위를 걷게 해달라고 간청했어.

28 그때 베드로가 예수님께 주님, 주님이시거든 저를 물 위로 걸어오라고 하십시오 하였다.
29 예수님이 오너라 하시자 베드로가 배에서 내려 물 위로 걸어서 예수님을 향해 갔다.

30 그러나 그가 파도를 보고 무서워하다가 물에 빠져들어가자 주님,
살려 주십시오! 하고 소리쳤다.
31 예수님이 즉시 손을 내밀어 그를 붙잡으시며 믿음이 적은 사람아!
왜 의심하느냐? 하시고

사람이 물 위를 걷는다는 건 있을 수 없는 일이지. 그런데 예수는 자신의 말을 의심해 물에 빠진 베드로를 보면서 믿음이 적은 사람이라고 타박하는 거야. 예수는 「마태복음」 17장에서 믿음이 얼마나 대단한 것인지 설명했어.

20 내가 분명히 말한다. 만일 너희에게 겨자씨 한 알 만한 믿음이 있
다면 이 산을 향해 여기서 저리로 옮겨 가거라 하여도 그대로 될
것이며 너희에게 못할 일이 하나도 없을 것이다.

겨자씨는 1mm 안팎으로 깨알보다 작아. 그런 믿음만 있어도 산을 옮길 수 있다니, 명동 거리에서 '예수 천국 불신 지옥'을 외치는 믿음 좋은 아저씨들을 4대강 공사 현장에 투입하면 건설비 한 푼 들이지 않고 혈세 수십조 원을 아낄 수 있다는 말씀이지. 애석하게도 인류 역사를 통틀어 공사 현장에서 자기 믿음을 활용한 사람은 한 명도 없어.

예수는 십자가에 못 박혀 죽은 뒤 사흘 만에 부활했다는데, 예수의 제자 중 도마는 그 사실을 믿지 않았어. 그는 못 자국 난 손과 창에 찔린 옆구리를 직접 만져보기 전엔 예수의 부활을 믿지

않겠다고 말했지. 「요한복음」 20장에서 부활한 예수가 도마에게 찾아와 말해.

29 예수께서 이르시되 너는 나를 본 고로 믿느냐 보지 못하고 믿는 자들은 복되도다 하시니라.

기독교에서 말하는 믿음이란 이런 거야. 신뢰 정도가 아니라 보지 않고도 믿는 것. 예수의 이 가르침 때문에 기독교인은 성경에 의문을 품고, 질문하고, 이성적으로 생각하는 것을 죄악시하지. 성경에서 말하는 믿음이란 이성으로 이해할 수 없어도 무조건 믿는 것이거든. 「마태복음」 11장에서 예수가 한 기도처럼 인간의 지식과 지혜는 신앙의 걸림돌이라고 간주할 정도지.

25 그 때에 예수께서 이렇게 기도하셨다. 하늘과 땅의 주인이신 아버지, 안다는 사람들과 똑똑하다는 사람들에게는 이 모든 것을 감추시고 오히려 철부지 어린아이들에게 나타내 보이시니 감사합니다.

예수의 기도 내용을 보면 어린아이들처럼 의심 없이 받아들이는 것이 믿음이란 이야기인데, 그런 무조건적인 믿음이 과연 올바른 것일까? 재림한 예수가 지금 명동 한복판에 나타났다는 소식이 들리면 보지 않고도 믿어야 할까? 지금 우리나라에만 자기가 재림한 예수라고 주장하는 사이비 교주가 수십 명이 넘는다는데, 그럼 누굴 믿어야 한단 말이야? 예수가 오늘 당장 한국 교회의 예배 시간에 나타나 자기 소유를 모두 팔아 가난한 사람들에게 나눠주라고 명령한다면 기독교인은 그 예수를 메시아(세상을 구원할 자)로 믿고 받아들일까?

난 예수가 교회에서 쫓겨날 거라는 데 내 통장에 있는 돈을 모두 걸겠어. 난 신이 없다고 생각하지만, 설사 있다고 해도 한국의 대형 교회 목사들과 그 밑에서 무조건 아멘을 외치는 교인은 대부분 예수를 알아보지 못하고 나랑 같이 지옥행 열차에서 오순도순 삶은 달걀을 먹을 거라고 생각해.

시한부 종말론자들이나 자칭 재림 예수라고 주장하는 수많은 사이비 종교인이 판치는 세상에서 '봐야 믿겠냐? 의심하지 않고 믿는 게 믿음이야!' 라고 말하는 게 얼마나 위험한 가르침인지 기독교인은 모르는 걸까? 종교인은 흔히 현대인에게 과학이 새로운 종교라고 말하지. 그런데 과학은 종전의 학설을 끊임없이 의심함으로써 발전해왔어. 과학은 믿음의 대상이 아니라 회의하고 의심하는 대상이란 말이야.

성경의 수많은 오류와 불합리한 신의 성품을 이야기하다 보면 기독교인은 논리로 이길 수가 없으니까 결국 이렇게 말해.

"넌 누군가와 사랑에 빠지면 왜 사랑하는지 따지면서 사랑하니? 남들이 뭐라 해도 내가 좋으면 사랑하는 거지 왜 그걸 논리적으로 따지려고 해?"

물론 못생기고 집안도 별로고 가방끈 짧은데다 직업은 변변찮고 건강하지도 못한 사람과 사랑에 빠질 수 있지. 그런 사랑이 조건 따지는 사랑보다 진실한 사랑일 수도 있다는 거 인정해. 게

다가 성격까지 더러운 사람을 사랑한다면 정말 박애주의자에 가까운 사랑이겠지. 하지만 기독교인이 믿고 의지하고 사랑하는 신이 그렇게 못생기고 집안도 별로고 가방끈 짧고 직업도 변변찮은데다가 성격마저 더러운 사람을 떠올리게 하는 모습이라 해도 기독교인의 신앙은 유지될 수 있는지 묻고 싶어.

이쯤 되면 기독교는 인간이 신에게 의지하는 종교인지, 신이 인간에게 의지하는 종교인지 헷갈리기 시작해. 어쩌다가 야훼는 전지전능한 신에서 기독교인이 변호하고 감싸줘야 하는 비참한 존재가 되었는지 모르겠어.

종교에서 말하는 믿음이 아닌 내가 생각하는 믿음이란 어떤 건지 말해볼까? 난 아내를 사랑해. 못난 남편 만나 고생하면서도 싫은 내색 한 번 하지 않는 착한 아내야. 난 아내를 믿어. 내가 아내를 믿는다는 건 아내가 날 실망시킬 일이 없다고 생각한다는 게 아니야. 설사 아내가 날 실망시킨다고 해도, 심지어 아내가 다른 남자를 사랑하게 된다고 해도 아내를 사랑하고 믿는다는 말이야. 저 사람은 결코 나에게 상처를 주거나 배신하지 않을 거라고 기대하는 믿음은 결국 깨지고 말아. 사람은 완벽할 수 없고, 원하든 원치 않든 누군가에게 상처를 주고 또 상처를 받게 마련이니까. 내가 믿는 건 아내가 날 실망시키거나 배신하지 않을 거란 믿음이 아니라, 설사 나를 아프게 하고 배신하는 일이 생긴다 해도 내가 믿고 싶으니까 믿는 거야. 연애할 때랑 달라서 오래 살 맞대고 살면서 내 자식 낳아 길러주는 아내를 바라보니 질투나 배신감을 넘어서는 어떤 감정이 있단 말이야.

기독교인은 내가 아내에게 느끼는 이런 감정이 신에 대한 믿음과 다르지 않다고 말할지도 몰라. 하지만 난 아내를 믿고 신뢰한다고 모든 면에서 아내에게 의지하진 않아. 아내를 믿는다는 것과 의지할 수 있다는 건 조금 다르단 말이야.

예를 들어 내 아이가 절벽에서 미끄러져 바위 끝에 간신히 매달려 있다면, 난 아내가 아이들을 끌어 올릴 수 있을 거라고 기대하거나 의지하지 않아. 그건 아내보다 팔 힘이 센 내 몫이라고. 아내는 나에게 착한 아내고 아이들에게 좋은 엄마지만, 연약한 부분이 있어. 이건 아내를 믿지 않아서가 아니라 아내의 약한 부분을 내가 알고, 서로 보완해가는 거라고 볼 수 있지. 반대로 말하면 아내 역시 나의 약한 부분을 알고, 내 약점이 드러나는 부분에선 나를 의지하지 않고 자신이 앞장서서 내가 기댈 수 있도록 애쓴단 말이야.

그런 내 가치관에서 기독교에서 말하는 신이란, 동정의 대상은 될 수 있을지 몰라도 결코 신뢰의 대상은 될 수 없어. 신이 있다고 믿지도 않지만, 설사 있다고 해도 성경에 묘사된 애정 결핍이 심한 신에게 내 아이들을 믿고 맡길 수는 없다는 얘기야. 기독교인은 신에 대한 믿음이 생기면 자신들을 이해할 수 있을 거라고 말하고 싶겠지만, 그곳에 발을 깊이 담가본 내 입장에선 이렇게 말할 수밖에 없어. 신이 우주를 창조하고 인간을 창조했다고 해도 난 성경 속에 그려진 신의 자녀가 되고 싶지 않아.

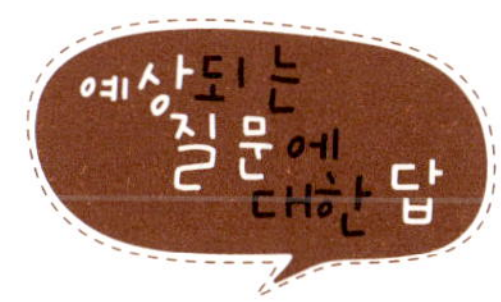

Q 아브라함에게 아들 이삭을 번제물로 바치라고 한 것은 신의 시험이었을 뿐, 하나님은 결코 사람을 죽여 제물로 받으시는 분이 아닙니다.

A 「사사기」 11장에 보면 입다 왕의 이야기가 나옵니다. 암몬 족속과 전쟁을 앞둔 입다 왕은 야훼에게 서원 기도(신에게 약속하는 기도)를 하죠.

30 그때 입다가 여호와께 이렇게 맹세하였다. 만일 주께서 암몬 사람을 내 손에 넘겨 주시면 내가 승리하고 집으로 돌아갈 때 누구든지 내 집에서 제일 먼저 나와 나를 영접하는 자를 내가 주께 바쳐 번제물로 드리겠습니다.

입다 왕은 전쟁에서 승리한 뒤 의기양양하게 개선하지만, 그를 처음 영접한 것은 사랑하는 딸이었습니다. 입다 왕은 뒤늦게 자신의 서원 기도를 후회하지만, 신에게 약속한 것을 돌이킬 수 없었죠. 입다는 딸을 신에게 번제물로 바칩니다. 본문에서 설명했듯이 번제는 사람의 목과 팔다리를 자른 뒤 배를 갈라 창자를 끄집어내고 피를 빼내고 남은 몸통을 불태워 신에게 그 냄새를 바치는 제사 방법입니다.

『현대인의 성경』은 이 부분을 의도적으로 오역했기 때문에 입다 왕의 딸은 처녀로 남은 인생 동안 신을 섬기며 살았을 뿐, 번제물이 된 건 아니라고 하는 분들도 있습니다. 하지만 그건 사실이 아닙니다. 입다 왕은 자신이 맹세한 대로 딸을 번제물로 바쳤다는 것이 성경 원문의 내용입니다.

입다 왕이 멋대로 인신 공양을 약속한 것일 뿐, 야훼께서는 사람을 잡아 죽이는 제물을 원한 적이 없다고 말하는 분도 있을 겁니다. 하지만 그것도 사실이 아닙니다. 「레위기」 27장 29절엔 아래와 같은 가르침이 나옵니다.

주에게 바친 사람도 다시 무를 수 없다. 그는 반드시 죽여야 한다.

이건 모세의 말이 아닙니다. 주께서 이렇게 말씀했다고 강조한 야훼의 가르침입니다. 구약시대엔 분명 인신 공양의 관습이 있었고, 야훼는 사람을 바치는 방법에 대해 분명한 가르침을 남겼습니다. 그러니까 사람을 산 제물로 바치는 건 미개한 식인종이나 악마를 섬기는 자들이 하는 짓이라는 오해는 하지 마시기 바랍니다.

Q 원래 종교적인 믿음이란 건 이성이나 지식으로 판단해선 안 되는 것 아닌가요?

A 맞습니다. 종교란 건 수학 공식처럼 증명되어야 받아들일 수 있는 게 아니죠. 그런데 이런 이야기를 들려드리면 어떨까요? 종전의 종교를 비판하기 위해 몇몇 사람들이 새로 만

들어낸 신이 있습니다. 하늘을 날아다니는 스파게티 괴물, 일명 FSMFlying Spaghetti Monster이죠. 그리고 FSM이 우주를 창조했다고 믿는 사람들을 파스타파리안Pastafarian이라고 합니다.

기독교인은 이 사람들을 어떻게 생각합니까? 파스타파리안의 믿음이 잘못된 것이라고 지적한다면 무엇을 근거로 그런 말을 할 수 있을까요? 스파게티 면발의 축복을 비웃을 수 있는 유일한 이유는 당신에게 이성이 있기 때문입니다. 전 똑같은 이유로 그 이성을 가지고 당신의 신앙을 바라보길 원할 뿐입니다.

성경 속의
정치관

자신이 살기 위해 국가와 민족을 죽음으로 몰아넣는 것이 정의일까?

많은 기독교인은 우리가 사는 세상이 야훼의 뜻대로 움직인다고 믿지. 그러나 내가 볼 때 야훼는 인간의 현실 세계에 관심이 없는 것 같아. 야훼가 불의를 적극적으로 권장하진 않지만, 적어도 불의를 모른 척한단 말이야. 그건 성경의 전체 역사를 통해 드러난 신의 성품이야. 구약부터 신약을 관통해 현재에 이르기까지 신은 인간 세상에 관심이 없었다고.

성경에서 야훼가 관심을 보이는 건 자신이 사랑 받는 것뿐, 권력을 쥔 자들의 악행은 관심사가 아니었어. 이런 나의 주장은 성경의 정치관을 통해 얼마든지 확인할 수 있는 사실이야. 인간이 지지고 볶고 전쟁을 하고 양민을 학살하고 백성을 무자비하게 착취해도 야훼는 자기만 사랑해주면 만사 오케이라는 거지. 기독교인은 내 말에 동감하지 않겠지만 누구 말이 맞는지 성경 공부를 해보자고.

유대인은 지금까지 수천 년 동안 자기 민족성을 지키고 있지만, 그들이 통일된 왕국을 유지한 건 고작 100여 년이야. 이스라엘은 기원전 1052년부터 932년까지 120년 동안 통일 왕국을 이뤘지만, 이후 남북으로 분열되고 말아. 북왕국 이스라엘은 앗수르에 멸망하고, 남왕국 유다는 바벨론의 침략을 받아 패망하지. 나라를 잃은 유대인은 수천 년간 세계를 떠돌며 난민이나 식민지 백성으로 살아. 그러니까 성경에서 현실 사회의 정치를 논하려면 120년 동안 지속된 통일 왕국 시대 이야기를 빼놓을 수 없어.

통일 이스라엘 왕국을 통치한 왕은 사울과 다윗, 솔로몬이야. 그 전까지 이스라엘은 제정일치, 그러니까 야훼를 섬기는 제사장이 통치자 노릇까지 하는 부족국가였어. 제정일치 시대의 마지막 제사장이 사무엘이란 인물인데, 그는 하나님의 사랑을 받았지만 아쉽게도 자식 농사는 실패했어. 사무엘이 늙어서 직분을 다 소화하지 못하자 그는 아들들을 사사(士師 : 제정일치의 통치자)로 세웠는데, 문제는 이 녀석들이 인간말짜야. 아비와 달리 돈을 밝히고, 뇌물을 받아가며 재판하는 등 사무엘과 신의 얼굴에 먹칠을 했지. 「사무엘상」 8장에는 그 꼴을 보다 못한 이스라엘의 장로들이 사무엘을 찾아가서 한 말이 나와.

5 …보십시오. 이제 당신은 늙으셨고 당신의 아들들은 당신의 행위를 본받지 않고 있습니다. 그러니 다른 나라들과 같이 우리에게도 왕을 세워 우리를 다스리게 하십시오.

6 사무엘은 왕을 세워 달라는 그들의 요구를 기쁘게 여기지 않았기 때문에 여호와께 기도하여 물어 보았다.

7 그러자 여호와께서 그에게 이렇게 대답하셨다. 백성들이 너에게 한 말을 다 들어주어라. 그들은 너를 버린 것이 아니라 나를 버려 더 이상 내가 그들의 왕이 되는 것을 원치 않고 있다.

이 장면에서 눈여겨볼 부분은 야훼의 분노가 누구를 향하고 있느냐는 거야. 누군가를 알아갈 때 가장 정확히 파악할 수 있는 방법은 그 사람이 무엇에 분노하는지 살펴보는 거야. 야훼는 죄를 지은 사무엘의 아들들이 아니라 자신의 권위에 도전하는 백성에게 분노하고 있어. 이건 신의 성품을 파악하는 데 굉장히 중요한 포인트지.

기독교인의 관점에 따르면 하나님은 공의로운 분이니까 타락한 사무엘의 자식들을 죽여서 정의를 바로잡으면 되잖아? 실제로 성경에서 그런 학살을 수시로 행한 분이기도 하고 말이야. 그런데 야훼는 사무엘의 자식들, 그러니까 권력자들이 저지르는 악행엔 눈감았어. 신에게는 제사장의 타락보다 자신이 세운 제사장을 비판하는 백성의 민심이 고까웠다는 거야.

결국 허락이라기보다는 '어디 그럼 너희 맘대로 해봐라'는 야훼의 심통 덕분에 뽑힌 이스라엘의 첫 왕이 사울이야. 인간의 관점에서 보면 사울은 썩 괜찮은 왕이었어. 허우대가 멀쩡하고 전쟁에서도 연전연승했으며, 백성한테 인기도 높았거든. 그런 사울 왕이 신에게 버림 받은 이유가 뭔지 알아?

사울이 통치하던 시기에 이스라엘은 아말렉이란 민족과 전쟁 중이었는데, 야훼는 사울에게 아말렉 민족을 어른 아이 가릴 것

없이 가축까지 학살하라는 명령을 내렸어. 사울은 전쟁에서 승리한 뒤 아말렉 백성을 학살하긴 했지만, 어린 양과 송아지 등은 죽이지 않고 전리품으로 빼돌렸지. 이 글을 온라인에 연재할 때 내가 성경을 해석하는 방법을 비판하던 사람들이 자주 한 말이 "성경은 그 시대 역사와 가치관을 염두에 두고 해석해야 한다"는 것이었어. 그런 관점에서 본다면 역사를 통틀어 전리품 획득은 병사들이 전쟁에 참가하는 큰 이유 중 하나야. 『삼국지』만 읽어봐도 전쟁에서 이긴 뒤 전리품 챙길 기회를 주지 않으면 병사들의 사기가 떨어지고, 장군들은 통솔력을 잃어. 사울과 부하들이 신의 명령을 어기고 전리품을 챙긴 것도 그 때문이지.

사랑의 하나님이 사울에게 발끈한 이유는 딱 하나야. 자신을 신으로 떠받들지 않는 아말렉 족속은 갓난아기부터 그들이 키우던 가축까지 쓸어버려야 속이 풀리겠는데, 사울이 자신의 명령을 따르지 않았다는 것. 내가 '성경 속의 죄'란 개념에 대해 설명할 때도 말했지만, 기독교인에게 선은 법을 잘 지키고 선행을 베푸는 게 아니야. 일반적으로 다른 민족을 학살하는 건 잔인하고 사악한 짓이지만, 기독교인에겐 그것이 신의 명령이라면 그 명령에 순종해 사람들을 학살하는 것이 선이지. 그래서 성경에 등장하는 신실한 사람들은 대부분 못된 짓을 일삼지만, 회개 한 번으로 야훼의 용서를 받고 의로운 사람으로 인정받아. 반대로 법 없이 살 것 같은 착한 사람이라도 신의 명령을 어기면 죄인이고, 영원히 지옥에서 고통 받아야 하는 거야. 「사무엘상」 15장에서 보듯이 사울은 신의 명령을 어긴 죄로 야훼의 눈 밖에 나지.

11 내가 사울을 왕으로 세운 것을 후회하노니 그가 돌이켜서 나를 따
르지 아니하며 내 명령을 행하지 아니하였음이니라

시공을 초월한 전지전능한 신께서 사울을 왕으로 세운 걸 후회한다는 건 사울이 자신의 말을 따르지 않으리란 걸 몰랐다는 얘기지. 이런 모순된 신의 한계에 대한 비판은 여러 번 얘기했으니 넘어가자고. 야훼가 현실 세계 속 인간의 삶에 관심이 없다는 게 중요해. 신은 인간들이 자기 말을 듣는지 안 듣는지, 자기를 사랑하는지 미워하는지에 관심을 쏟을 뿐이지. 결국 야훼는 사울 대신 2번 타자 다윗을 이스라엘의 왕으로 세우려 했어. 아직 권좌에 있던 사울은 다윗을 죽이려고 안간힘을 쏟았지. 다윗은 몇 번이고 죽을 고비를 넘기며 도망 다니다가, 어느 날 아비새라는 부하와 단둘이 사울의 진지 안으로 잠입해 그가 잠든 머리맡까지 침투했어. 이 장면을 「사무엘상」 26장에서 다음과 같이 묘사했지.

8 아비새가 다윗에게 말했습니다. "오늘 하나님께서 당신의 원수를
물리쳐 이기게 해 주셨습니다. 내가 이 창으로 사울을 땅에 꽂아 버
리고 말겠습니다. 두 번 찌를 것도 없이 단번에 해치우겠습니다."
9 다윗이 아비새에게 말했습니다. "사울을 죽이지 마시오. 여호와께
서 기름 부으신 사람을 해치고도 죄를 면제받을 사람은 없소."

성경에서 '기름 부음anointment' 이란 선지자나 제사장, 왕에게 행해지는 의식으로 신의 선택을 받은 자라는 증표야. 그러니까

다윗은 야훼가 세운 사울 왕을 감히(?) 자기 손으로 해칠 수 없다고 말하는 거지. 다윗은 자기를 죽이려는 사울의 머리맡까지 잠입하고도 그를 죽이지 않아. 다만 자신이 삼엄한 경비를 뚫고 사울의 머리맡까지 왔다 갔다는 경고의 의미로 사울의 창과 물병을 가지고 나오지.

이 장면은 목사들이 조직의 리더나 통치자에 대한 충성을 얘기할 때 자주 써먹는 성경 구절이야. 왕은 하나님이 세운 존재니까 함부로 비판하거나 거역하면 안 된다고 교인들에게 세뇌하듯 가르치거든. 실제로 신약에도 이런 구절이 있어. 「로마서」 13장을 보자고.

1 누구든지 정부 당국에 복종해야 합니다. 모든 권력이 다 하나님에게서 나왔기 때문입니다.
2 그러므로 그 권력을 거역하면 하나님이 세우신 권력을 거역하는 것이 되고 그런 사람은 심판을 받게 됩니다.

사도 바울이 가르친 이 내용을 보면 기독교가 기득권층을 위한 종교라는 걸 확실히 알 수 있어. 불의한 권력에 항거하는 게 올바른 성경 해석이라고 아는 기독교인이 많지만, 성경에선 그 반대로 통치자의 권력에 거역하면 하나님을 거역하는 것이고 심판을 받을 거라고 협박한단 말이지.

이런 가르침을 신의 이름으로 성경에 기록한 사도 바울은 유대인이지만 로마의 시민권이 있었어. 당시에도 로마의 압제에서 벗어나려고 독립운동을 하는 유대인이 있었는데, 사도 바울은 우리 나라 역사로 따지면 친일파나 다름없는 사람이지. 사도 바울이 친일파와 같은 인물이라고 표현한 내 주장에 발끈할 기독교인도 있겠지만 이건 엄연한 사실이야. 사도 바울이 기독교에 거대한 족적을 남긴 건 분명하지만, 그는 이스라엘의 독립엔 관심이 없고 오히려 침략자 로마의 힘을 이용해 기독교를 전파하는 데 애쓴 인물이야. 바울이 나라를 팔아먹진 않았어도 분명 정복자 로마에 호의적이었다고.

그런 바울이 현실 사회의 권력에 복종하라고 말하는 거야. 모든 권력은 하나님에게서 나온 것이니까 로마 황제에게도 복종하는 게 당연하고, 행여나 로마 황제에게 거역하면 그건 하나님을 거역하는 거라고 가르치지. 뭔가 욱하고 치밀어 오르지 않아? 일제강점기에 사회 지도층 인사가 나서서 일본 천황에게 복종하는 게 신의 섭리라고 가르쳤다면 역사는 그 사람을 뭐라고 평가했을까? 이게 바로 신약성경을 절반 가까이 저술한 사도 바울의 정치관이고, 현실 세계를 향한 성경의 가르침이야.

앞서 사무엘의 경우에서도 봤지만, 야훼의 시선에선 정의와 공의로움이 이 땅에 서는 것보다 부정부패한 독재자라도 하나님의 기름 부음 받은 자라면 그에게 충성하는 게 옳아. 그러니 독재자의 횡포에 절대로 반기를 들어서도 안 되고, 나라 잃은 백성이 독립운동을 해서도 안 되며, 권력에 순응해 그저 신의 말씀만 따르라는 거야.

다음 3번 타자 솔로몬. 교회에 다니지 않는 사람도 솔로몬의 이름은 들어봤을 거야. 솔로몬은 '지혜의 왕'이란 타이틀이 붙은 사람이지. 그런데 통일 이스라엘 왕국의 마지막 왕 솔로몬에 대해 많은 기독교인이 착각하는 게 있어. 솔로몬은 야훼의 축복을 엄청 받아서 부와 권세와 지혜까지 얻은 왕으로 아는데, 과연 솔로몬이 야훼의 사랑을 받은 인물일까? 정답은 No야.

솔로몬은 말년에 이방인 여자들을 왕궁에 들이기 시작했는데 아내만 700명, 첩은 300명에 이르렀어. 이방 여자를 아내로 들이지 말라는 신의 명령을 어긴 것도 문제지만, 첩들이 믿는 이방의 신들을 솔로몬이 섬기기 시작했다는 게 더 큰 문제였지. 「열왕기상」 11장에는 솔로몬의 행실과 야훼의 분노가 나와.

7 그는 또 모압 사람의 더러운 신 그모스와 암몬 사람의 더러운 신 몰렉을 위해 예루살렘 동쪽 감람산에 산당을 지었으며

8 외국에서 데려온 자기 아내들이 그들의 신들에게 분향하고 제사 드릴 신전까지 지어 주었다.

9-10 이스라엘의 하나님 여호와께서 솔로몬에게 두 번씩이나 나타나셔서 그에게 이방 신들을 섬기지 말라고 경고하셨으나 그는 여호와의 말씀에 순종하지 않았다. 그래서 여호와께서는 솔로몬의 마음이 자기에게서 떠난 것을 보시고 분노하시며

11 그에게 이렇게 말씀하셨다. 너는 나와 맺은 계약을 어기고 내 명령을 지키지 않았다. 그러므로 내가 반드시 나라를 네게서 빼앗아 네 신하에게 주겠다.

솔로몬은 다윗에게서 물려받은 이스라엘 왕국을 더욱 부강하게 만든 왕이야.* 그에게 잘못이 있다면 야훼의 뜻을 따르지 않은 것뿐, 한 나라의 통치자란 측면에서 본다면 그는 위대한 왕이라고 할 수도 있단 말이지. 결국 솔로몬이 살아 있는 동안엔 그의 통치력으로 인해 통일 왕국을 유지하지만, 그의 아들 대에서 이스라엘 왕국이 남북으로 갈라져. 야훼는 왕으로서 솔로몬의 능력이 미흡해서가 아니라 자신을 따르지 않았다는 것에 대한 분노로 통일 이스라엘 왕국을 분열시킨 거야. 그런 신에게 이스라엘 백성 개개인의 삶은 중요하지 않아.

이스라엘은 솔로몬 왕을 마지막으로 와해되어 유대인은 수천년 동안 타민족의 포로나 식민지 백성으로 살지. 그 이유가 단지 솔로몬이 신을 배신했기 때문이라면, 야훼가 과연 공의로운 존재라고 할 수 있을까?

구약 이야기만 하면 신약에서 예수의 가르침은 다르다고 말할 사람들도 있을 거야. 그럼 하나 물어볼게. 예수의 가르침 중에 로마의 식민지로 세금을 뜯기던 유대인을 위한 현실 속의 정의를 세우라는 얘기가 한 마디라도 있던가? 예수가 식민지 이스라엘을 위해 한 말은 「마태복음」 22장에 나오는 한 마디뿐이야.

* 고고학자나 역사학자들은 성경에 기록된 유대인의 역사가 실제 역사적 사실과는 동떨어진 우화라고 주장해. 성경에 기록된 내용 말고는 사료로 삼을 만한 자료가 거의 없거든. 성경이 기록되던 시대의 중동 지역 강대국들 사이에서 이스라엘은 거의 언급조차 되지 않을 정도로 작고 힘없는 나라였다는 게 정확한 평가야. 유대인이 민족의 자부심을 위해 다윗과 솔로몬이 대단한 통일 왕국을 구축한 것처럼 서술하지만, 실제 역사는 전혀 그렇지 않단 말이지.

21 …황제의 것은 황제에게, 하나님의 것은 하나님께 바쳐라

이 말은 예수를 곤란에 빠뜨리려던 바리새인이 로마 황제에게 세금을 내는 것이 옳은가 물었을 때 예수의 답변이야. 예수가 로마 황제에게 세금을 내는 게 옳지 않다고 대답하면 반역죄로 로마에 신고하려 했고, 세금을 내는 게 옳다고 말한다면 식민 통치를 받던 유대인에게 로마의 권위에 굴복하라고 말한 셈이 되니 백성의 반감을 살 거란 계산이었지. 그러자 예수는 세금 낼 동전에 새겨진 로마 황제의 형상을 가리키며 이렇게 말했어.

20 …이 초상과 글이 누구의 것이냐? 하고 물으셨다.
21 그들이 황제의 것입니다 하고 대답하자 예수님이 황제의 것은 황
제에게, 하나님의 것은 하나님께 바쳐라 하고 말씀하셨다.

그러니까 '황제의 것은 황제에게, 하나님의 것은 하나님께 바치라' 는 말은 바리새인의 함정을 피하기 위한 훌륭한 답변이야. 문제는 그 답변 속에 예수의 진심이 담겨 있었다는 거지. 단순히 말의 함정을 언어유희로 빠져나간 게 아니라고. 예수는 식민지 이스라엘의 독립에 아무런 관심이 없었어. 그의 관심은 오직 인간의 영혼에 있었지. 죽음 이후의 구원과 영생을 생각한다면 예수의 가치관도 이해할 수 없는 건 아니야. 예수에겐 이스라엘이 로마의 식민지로 억압 당하거나, 유대인이 세금을 착취 당하거나 관심사가 아니었으니까.

하지만 성경의 이런 가르침을 일제강점기 우리나라에 대입해 보면 어떨까? 일본 천황에게 세금을 바치는 것이 옳다고 가르치고, 여동생이 위안부로 끌려가도 저항해선 안 되며, 감히 천황 폐하에게 반기를 들어 독립운동을 하는 건 신의 뜻을 거역하는 일이니 반드시 심판 받을 거라는 가르침. 예수와 사도 바울이 말한 이런 가르침을 기독교인은 아멘 하면서 받아들일 수 있겠느냔 말이야.

지나친 해석이라고? 천만에. 예수를 배반한 가룟 유다를 보면 내 말은 조금도 지나친 해석이 아니야. 가룟 유다는 왜 예수를 배신했을까? 교회에선 흔히 가룟 유다가 은 30냥(세겔)에 눈이 멀어서 스승을 팔았다고 가르치지만, 그건 터무니없는 해석이야.

은 30세겔은 당시 이스라엘 화폐 가치로 밀가루 10포대를 살 수 있는 돈이야. 「열왕기하」 7장 16절에 보면 은 1세겔로 밀가루 1스아(7kg)를 살 수 있다고 기록되었어. 그러니 30세겔이면 20kg짜리 밀가루를 10포대 넘게 살 수 있는 돈이지. 3년 동안 자기 생계를 버리고 따른 스승을 겨우 밀가루 10포대 값에 팔아넘겼다는 게 말이 된다고 생각해?

또 다른 해석은 가룟 유다가 로마의 압제에서 이스라엘의 독립을 꿈꾸던 사람이라는 거야. 로마에 항거해 독립운동을 하던 유다는 메시아가 나타났다는 소문에 예수를 찾아가 제자가 되기를 간청했다는 얘기지. 실제로 신학자들 사이엔 가룟 유다가 독립운동가였을 거라고 생각하는 사람들이 꽤 많아.

독립운동까지 미뤄두고 멀리 북쪽 지방에 나타난 메시아 예수를 찾아온 가룟 유다. 그가 꿈꾸던 메시아는 로마의 압제에서 이스라엘 민족을 해방할 현실 세계의 메시아였을 거야. 그는 메시아가 나타났다는 소문에 가슴이 뛰었을 테고, 예수에게 자신의 삶을 던지기로 마음먹었겠지. 그리고 3년… 예수를 가장 가까운 곳에서 지켜본 가룟 유다는 로마에 대항하고 이스라엘을 독립시킬 메시아가 아닌 '황제의 것은 황제에게' 라고 말하는 스승의 모습에 실망하기 시작해. 예수는 인간의 영혼을 구원하는 데만 관심 있을 뿐, 이스라엘의 독립엔 관심이 없었으니까.

결국 유다는 예수가 자신이 바라던 메시아가 아니란 사실을 깨닫지. 로마 황제에게 세금을 바치는 게 옳다고 말하는 스승의 가르침을 들으며, 그는 이스라엘의 독립을 위해선 예수를 제거하는 방법밖에 없다는 결심을 굳혀. 그래서 유다는 예수를 대제사장들에게 넘기지.

자기 신념을 위해 뜨겁게 살다가 이상과 다른 스승의 모습에 실망해 예수를 배반했고, 그것이 괴로워 스스로 목숨을 끊은 사내. 이것이 유다에 대한 또 다른 해석이야. 하지만 기독교인은 현실 세계에 정의를 세우려고 애쓴 유다의 뜨거운 열정을 폄하하고 무시하지. 유다는 은 30냥에 눈이 멀어 스승을 판 용서 받지 못할 죄인으로 낙인찍혔단 말이야. 신실한 기독교인에겐 조국의 독립보다 죽음 이후의 구원이 훨씬 중요하니까.

구약은 물론이고 예수 이후로 2000년 동안에도 수많은 독재자가 나타났고, 민초는 벌레만도 못한 취급을 받으며 인류 역사를 통해 수십억 명이 학살되었고 신의 이름으로 착취를 당해왔지만,

야훼는 한 번도 인간 세상의 정의를 위해 일한 적이 없어. 지진이나 쓰나미로 수십만 명씩 죽이는 사랑(?) 말고 신이 인류가 부인할 수 없는 공의로움과 정의감을 드러낸 적은 없단 말이지.

이런 비판에 대해 기독교인은 "예수의 죽음 이후로 세상은 공중 권세를 잡은 사탄의 세력 아래 놓였다"고 말하기도 해. 그럼 사탄에게 인간 세상을 내주고 멋대로 죽이고 학살하라고 맡겨둔 신의 모습에서 어떻게 사랑의 하나님, 공의로운 하나님을 찾을 수 있을까?

내가 이 글을 쓰는 동안 많은 기독교인이 이런 말을 했어. 종교도 좋은 점이 있는데 너무 비판만 하지 말라고.

우리가 우리에게 죄 지은 자를 사하여 준 것 같이 우리 죄를 사하여 주옵시고…

주기도문에 있는 저런 말씀들 참 좋지. 다른 사람의 죄를 용서하지 못한다면 하나님께 죄를 용서해달라고 말할 수 없다는 뜻이니까. 그런데 역사적으로 종교는 항상 기득권층을 위한 통치 도구로 사용되었다는 걸 생각해본다면 저 용서라는 항목을 순수하게 받아들일 수 없어. 수많은 국민을 학살한 독재자도 용서해야 신에게 용서를 빌 수 있다는 말이거든. 난 그런 독재자를 국민이 용서해야 한다고 생각지 않아. 이 땅에 정의가 올바로 서지 않는 것은 기득권층의 잘못을 국민은 용서하지 않았는데 그들 스스로 면죄부를 줬기 때문이라고. 일제강점기에 나라를 팔아먹고 동족을 착취하고 독립운동가들을 색출해 죽이던 친일파 매국노들이 해방 후에도 죄의 대가를 치르지 않고 버젓이 떵떵거리고 살아온 이유도 화해와 용서라는 거창한 가치 때문이야.

나는 죄 지은 사람이 그에 합당한 대가를 치르는 게 정의라고 생각해. 그런데 기독교의 신은 적어도 우리가 살아가는 현실 세계에서 그런 정의를 실현한 적이 없어. 기독교인은 신의 공의로움이 죽은 뒤의 심판에서 드러난다고 말할 테지. 그런 주장에 담긴 모순에 대해선 뒤에 따로 비판할게.

성경 얘기하다가 매국노를 용서하라는 얘기가 나오는 건 너무 삼천포로 빠진 거라고? 천만에. 매국노 이야기를 하자면 성경에 나오는 의로운(?) 사람 이야기를 하지 않을 수 없어. 「여호수아」에 보면 이집트를 탈출한 유대인이 가는 곳마다 전쟁을 일삼으며 이방인을 학살하는 모습이 나와. 「여호수아」 2장에는 모세의 뒤를 이은 유대인의 지도자 여호수아가 여리고 성을 무너뜨리기 위해 성안으로 첩자를 보내는 장면이 있어. 이 첩자들은 여리고 성에 살던 라합이라는 창녀의 집에 머물렀는데, 여리고 왕은 첩자가 잠입한 걸 알아차리고 부하들을 보내 라합의 집을 수색하게 하지. 하지만 라합은 날이 어두워지기 전에 첩자들이 성을 떠났다고 거짓말해.

5 그리고 그들은 날이 어두워 성문을 닫을 때쯤 떠났는데, 그들이 어디로 갔는지 저는 알지 못합니다. 빨리 사람을 풀어 그들을 뒤쫓게 하시면, 따라잡을 수도 있을 것입니다.

6 그러나 그 때는, 그 여인이 그들을 지붕으로 데리고 올라가, 자기네
지붕 위에 널어 놓은 삼대 속에 숨겨 놓은 뒤였다.

여리고 왕의 부하들은 설마 동족인 라합이 적군의 첩자들을 숨겨줬을 거라고는 상상도 못 하고 그녀의 말을 믿었지. 라합은 왕의 부하들이 돌아가자 유대인 첩자들에게 말해.

9 나는 야훼께서 이 땅을 당신들에게 주신 줄 믿습니다. 우리는 당신
들 때문에 겁에 질려 있습니다.…

12 내가 당신들을 잘 봐드렸으니, 당신들도 내 가문 사람들을 잘 봐주
겠다고 이제 야훼를 두고 맹세해 주십시오. 그리고 그렇게 하겠다
는 확실한 표를 주십시오.

13 내 부모와 형제들과 그들에게 딸린 모든 식구를 살려주십시오. 그
리하여 우리 목숨을 죽을 자리에서 건져주십시오.

라합은 동족을 배신하고 목숨을 구걸한 거야. 유대인 첩자들은 라합과 그 가족을 살려주기로 약속했지. 「여호수아」 6장에는 여호수아의 군대가 여리고 성을 함락할 때 그 안에 살던 모든 생명을 학살했지만, 라합의 가족은 살려준 이야기가 나와.

17 이 성과 이 안에 있는 모든 것을 전멸시켜서, 그것을 주님께 제물
로 바쳐라. 그러나 창녀 라합과 그 여인의 집에 있는 사람은 모두
살려 주어라. 그 여인은 우리가 보낸 정탐꾼들을 숨겨 주었다.

20 …백성이 일제히 성으로 진격하여 그 성을 점령하였다.
21 성 안에 있는 사람을, 남자나 여자나 어른이나 아이를 가리지 않고 모두 전멸시켜서 희생제물로 바치고, 소나 양이나 나귀까지도 모조리 칼로 전멸시켜서 희생제물로 바쳤다.

자기와 가족 목숨을 건지자고 동족을 죽음으로 몰아넣은 무서운 배신자 라합. 하지만 그녀는 성경에서 신의 뜻을 따른 믿음 좋고 의로운 여자로 칭송 받지. 심지어 예수는 이 무시무시한 배신자 라합의 핏줄을 타고 세상에 태어났을 정도야. 그녀는 야훼를 사랑해서 동족을 배신한 게 아니야. 죽음이 두려웠을 뿐이지. 라합은 여기저기서 유대인의 쌈박질을 도와주고 이방인을 닥치는 대로 학살해온 야훼에 대한 소문을 듣고 겁에 질렸어. 그리고 자기가 살기 위해 동족을 죽음으로 몰아넣었지.

성경 말씀이라고 무조건 아멘 하지 말고 한 발자국 떨어져서 생각해봐. 일제강점기에 고종 황제의 측근이 일본 천황이 보낸 첩자를 숨겨주고 나중에 조선이 식민지가 되면 자신을 기억해달라고 부탁했다고 생각해보란 말이야. 피가 거꾸로 솟을 일이잖아. 그런데 똑같은 이야기가 성경에 있으면 동족을 죽음으로 몰아넣은 배신자가 의인이 될까?

라합이 살던 시대는 나라나 민족에 대한 개념이 없었으니 그럴 수도 있다고? 구약시대의 특수한 상황을 가지고 그렇게 말하면 안 된다고 할 사람도 있겠지. 그러면 나라와 민족에 대한 개념이 확실하던 신약시대로 가볼까?

황제의 것은 황제에게 바치라는 예수의 말을 기록한 마태는 식민지 유대인에게서 세금을 걷어 로마에 바치는 세리였어. 실제로 신약성경에서 세리는 유대인에게 더러운 배신자라고 손가락질 받았지. 예수는 그런 마태를 제자로 삼은 거야. 매국노까지 사랑한 예수. 얼핏 들으면 멋지지? 그런데 잘 생각해봐. 이스라엘은 기원전 63년 로마에게 정복된 후 꾸준히 독립운동을 펼치던 사람들이 있었을 정도로 국가와 민족에 대한 개념이 자리 잡혀 있었어. 로마는 식민지 백성에게 많은 자치권을 준 것이 사실이지만, 예수의 제자들이 전도 활동을 하던 때는 로마군에 의해 유대인이 100만 명가량 학살 당했을 정도로 식민지 백성의 서러움이 뼈에 사무친 시기였단 말이야.

일제강점기 우리나라에 독립군이 있었던 것처럼 유대인 중에서도 로마의 압제에 항거해 독립운동을 펼친 세력이 있었어. 그 중에서 가장 적극적이고 과격한 조직이 시카리sicarii고, 가룟 유다는 이 조직의 일원이었다고 추측하는 사람도 있어. 유다의 이름 앞에 붙는 가룟이 '이스카리옷(시카리 조직에 속한 사람)' 이라고 해석될 수 있다는 거야.

그런 상황에서 마태는 침략자 로마의 황제를 위해 동족의 피를 쥐어짜 세금을 걷는 매국노 짓을 했다고. 매국노 마태가 예수를 만난 뒤 새사람이 됐는지 몰라도 현실 사회의 눈에선 전혀 그렇지 않아. 마태는 세리 일을 그만둔 뒤로 자기 잘못을 뉘우치고 독립운동가가 된 게 아니야. 관심사가 돈에서 인간의 구원으로 옮겨갔을 뿐, 그는 자기 잘못을 민족의 독립에 힘을 쏟아 갚을 생각따윈 하지 않았어.

당신의 재산을 훔쳐간 사기꾼을 찾아 전국을 헤매고 다녔는데, 어느 날 그자가 불교에 귀의해서 승려가 된 걸 발견했다고 가정해봐. 그 사기꾼이 "내가 부처님께 죄를 지었습니다"라고 죄를 고백하면 당신은 그가 저지른 죄를 다 눈감아줄 거야? 좀더 직접적인 예를 들어볼게. 그 사기꾼이 입학시험도 없이 아무나 받아주는 변두리 신학교를 졸업해서 목사가 되었다면? "죄짓고 도망다니느라 힘들었을 텐데 이제 귀한 하나님의 직분을 맡으셨으니 저도 과거 일은 모두 잊겠습니다"라고 말할 거야?

이제 내가 하고 싶은 말이 좀 이해가 되려나. 매국노 마태가 종교 안에서 거듭났든, 예수의 제자가 됐든 그가 동포에게 저지른 죄와는 별개의 문제란 말이야. 하나님께만 잘 보이면 현실 사회의 문제는 대수롭지 않다고 생각하는 것이 기독교인의 한계이자 무서운 점이지. 다윗이 자기 부하를 죽이고 그 아내를 빼앗은 다음 부하에게 잘못을 비는 게 아니라 "내가 하나님께 죄를 지었다"고 뻔뻔하게 고백한 것처럼, 성경에서 말하는 '정의롭게 사는 것'은 하나님 눈에 드는 거지 현실 세계에서 정의를 세우는 게 아니란 말이야.

물론 문규현 신부님처럼 이 땅의 부정부패에 온몸으로 저항하며 민초와 함께 눈물을 쏟는 분들도 있지만, 그건 그분 개인의 삶일 뿐이야. 성경 전체를 꿰뚫는 정의란 건 이 땅의 정의가 아니라 잔혹하고 질투 많은 야훼의 눈에 드는 거라고.

난 차라리 유다 같은 사람들이 세상에 많아지는 게 이 땅에 정의를 세우는 일이라고 생각해. 용서는 잘못을 저지른 대상에게 무릎 꿇고 사죄하고, 돈으로 배상하고, 그것으로 모자란다면 자신의 자유를 내놓고 감옥에서 형을 사는 형태로까지 죗값을 치러야 간신히 얻을 수 있는 거야. 신에게 회개하는 것만으로 용서 받을 수 있다면 이 나라는 또 다른 나라의 식민지가 되어도 매국노를 용서해야 하고, 독립운동가들은 매국노한테 잡혀 죽어야 하며, 국민을 학살한 독재자가 빳빳이 고개 들고 다니는 꼴을 보고도 웃으며 용서해야 한단 말이야.

극단적으로 생각하면 안 된다고 말할 사람들도 있겠지. 이런 예는 어떨까. 일제강점기에 독립운동가들을 잡아들여서 고문하던 악질적인 인간이 있었어. 해방 후 그 인간이 회개하고 야훼께 용서를 받아서 목사가 됐다면? 그리고 여기저기 수백 군데 교회에 초빙돼서 간증 집회를 통해 "내 직업에 충실했을 뿐인데 해방이 되니 내가 죄인이 되어 있었다"고 나불대고 다닌다면 그자를 정의로운 인간이라고 여겨야 해? 그 인간이 예수를 만나 새사람이 됐는지 몰라도 이 땅에서 살아가는 민초가 보기엔 여전히 사악한 놈이 아닐까? 설마 그런 자가 목사가 될 수 있겠느냐고 하는 사람은 한번 찾아봐. 내가 이 책에 차마 실명을 밝히진 않지만 실제로 비슷한 일을 벌인 사람이 유명한 목사가 돼서 수백 군데의 교회에 초빙돼 간증 집회 하고 다니는 게 한국 교회의 현실이니까.

식민 지배를 받던 동포에게 세금을 걷어 로마에 바치던 마태가 예수를 만나 새사람이 됐는지 몰라도 그 역시 자기 잘못을 동포에게 갚을 생각은 전혀 하지 않았어. 난 무신론자가 되고 나서야 마태의 문제가 애국자를 고문하다가 목사가 된 ×× 목사의 사례와 다를 바 없다는 걸 알았어. 그 목사가 자신이 고문한 사람들을 한 사람 한 사람 찾아가서 무릎 꿇고 사죄하고 고문의 비인간성과 폐해를 널리 알리며 평생 용서를 구한다면 그의 진정성을 조금은 인정해줄 수 있겠지. 하지만 난 그 목사가 여기저기 간증 집회에 초빙돼 사례비 짭짤하게 챙기면서 자기변명을 하고 다닌다는 소식만 들었을 뿐이야.

성경에서 말하는 정의에 따르면 그 목사는 잘못된 게 아니야. 현실 세계에서 무슨 죄를 짓더라도 신 앞에서 용서를 구하면 구원 받고 천국행 티켓을 얻을 수 있다는 게 성경 가르침이란 말이야. 그러니 마태나 ×× 목사나 구원을 받았다고 생각하는 거지. 죄는 사람한테 저질러놓고 회개는 하나님한테 하는 이상한 교리에 의문을 갖는 게 이상한 걸까?

내가 이렇게 말해도 많은 기독교인은 라합이나 마태가 신에게 복종한 사람이라는 이유만으로 면죄부를 줄 거야. 내가 기독교의 교리를 비판하는 건 성경이 말하는 사랑과 평화, 정의와 공의로움이 편협하고 질투에 사로잡힌 신의 마음에 들기 위한 몸부림일 뿐, 이 땅에 살아가는 민초의 정의를 세우는 일엔 오히려 해가 되기 때문이라고.

Q 억지 부리지 마십시오. 아무려면 교회가 국가와 민족을 배신하라고 가르치겠습니까?

A 모 신학교 교수는 「임진왜란을 통한 기독교의 전래에 관한 고찰」이란 논문과 설교를 통해 "최초로 기독교가 조선에 들어왔다는 것은 인간으로 할 수 없는 큰일을 한 것. 하나님의 역사가 (토요토미) 히데요시를 통하여 이루어졌다"고 주장했습니다. 이순신 장군과 전투를 벌이던 일본의 적장 고니시가 기독교인이었는데, 조선 백성에게 하나님의 말씀을 전파했다는 것이 그 주장의 근거죠.

그 교수는 설교를 통해서 야훼의 복음(?)을 전하는 자라면 왜적의 장수라 해도 두 손 들고 환영할 일이지, 이순신 장군처럼 맞서 싸우면 하나님을 대적하는 자가 된다고 가르쳤다고 합니다. 이런 사람이 신학교 교수고, 그의 설교에 아멘 하는 교인이 있는 것이 한국 교회의 현실입니다.

기독교의
시작은 예수가
아니다

예수께서
가라사대…

기독교는 예수의 가르침을 따르는 종교일까?

기독교인이라면 거의 모두 예수그리스도가 기독교의 출발점이 된다고 생각할 거야. 그런데 난 기독교가 사도 바울이란 인물에서 비롯됐다고 봐. 좀 지루하겠지만 바울이란 인물을 이야기하지 않고 기독교를 이해할 수 없기 때문에 그의 삶에 대해서 간략하게 설명할게.

앞에서도 이야기했지만 야훼의 아들이라는 예수가 육신을 입고 세상에 온 다음 기록된 신약성경 27권 중에서 예수가 직접 기록한 경전은 한 권도 없어. 14권은 예수의 제자들이 남긴 것이고, 나머지 13권은 예수에게서 직접 가르침을 받은 적이 없는 바울이 남긴 거야. 그리고 유대인에게만 해당되던 야훼의 구원을 이방인에게까지 확장한 공로는 어디까지나 바울의 몫이지 예수에게 돌려선 안 된다고.

바울의 원래 이름은 사울이야. 이스라엘의 초대 왕 사울과 같은 이름이지. 그는 유대인 중에서도 구약의 율법을 철두철미하게 지킨 바리새인이고, 식민지 이스라엘 사람이면서도 로마의 시민권이 있는 엘리트였어. 그는 예수가 하나님의 아들을 자처하고 유대인을 현혹하고 다닌 것에 분개해서 예수 믿는 사람들을 색출해 죽이러 다니던 잔혹한 인물이기도 해.

그런 사울이 예수를 만난 건 예수가 십자가에 달려 죽고 한참이 지나서야. 죽은 예수를 어떻게 만날 수 있었냐고? 그게 바로 내가 이 장에서 다루려는 핵심 내용이야. 사울은 예수 믿는 자들을 색출해 예루살렘으로 끌고 올 수 있도록 공문을 써달라고 대제사장에게 요구했어. 그는 대제사장에게서 예수를 따르는 자들을 잡아들일 권한을 받고 다메섹(다마스쿠스)으로 향했지. 기독교는 「사도행전」 9장에 나왔듯이 사울이 다메섹으로 가는 길에서 벌어진 사건으로 인해 시작된 거야.

3 사울이 길을 떠나 다마스커스 가까이 갔을 때 갑자기 하늘에서 빛이 그에게 비쳐 왔다.
4 그 순간 그는 땅에 쓰러졌는데 그때 사울아, 사울아, 네가 왜 나를 괴롭히느냐?라는 음성이 들려왔다.
5 사울이 당신은 누구십니까? 하고 묻자 나는 네가 핍박하는 예수이다.

이 장면이 내가 바라보는 기독교의 출발점이야. 예수 믿는 사람들을 죽이러 다니던 사울이 환청 속에서 예수를 만나고 거듭난 사건. 이 사건을 통해 유대인을 위한 야훼의 구원이 모든 이방인을 대상으로 확장하며 기독교라는 종교가 시작된 거지.

사울은 다메섹으로 가는 길에서 예수의 음성을 들은 뒤 눈이 멀고, 사흘 동안 먹지도 마시지도 못하는 폐인 상태가 됐어. 그런 사울을 동료들이 이끌고 다메섹으로 들어섰을 때 예수를 따르던 아나니아란 사람이 사울에게 손을 얹고 안수하자, 눈에서 비늘 같은 게 떨어지며 다시 앞을 볼 수 있었지.

그 후의 일은 기독교인이라면 다 아는 대로야. 그는 다메섹의 체험을 통해 예수를 죽이러 다니던 과거에서 180도 돌아서서 예수를 전하는 사도로 살지. 그리고 유대인이 쓰는 히브리어 발음인 사울이란 이름을 버리고 로마식 발음을 따라 바울이란 이름을 쓰기 시작해. 이방인 전도에 유리한 이름을 택한 거지.

사실 바울은 예수의 제자들과 사이가 좋은 편이 아니었어. 베드로나 다른 제자들 입장에선 예수 믿는 사람들을 죽이러 다니던 놈이 갑자기 예수를 만나 거듭났다고 해서 예뻐 보일 리가 없었겠지. 더구나 자신도 열두 제자와 마찬가지로 예수님께 사도로 임명 받았다고 주장하는 바울을 보며 예수의 수제자들은 눈꼴셨을 거야.

실제로 성경에는 사도 바울과 다른 제자들 사이에 알력 다툼으로 보이는 사건이 몇 차례 기록되었어. 바울은 이방인에게 할례를 주는 문제와 관련해 베드로와 의견 차이를 보였는데, 그 와중에 베드로에게 위선자라고 쏘아붙였을 정도지. 어부 출신으로 가방끈이 짧은 베드로는 엘리트 출신인 바울을 향해 잘난 척하는 글이나 쓴다고 비꼬는 글을 남기기도 했어. 바울 입장에선 억울

할지 몰라도 그는 예수에게 직접 가르침을 받은 적이 없는 사람이야. 베드로나 다른 사도처럼 예수와 몇 년씩 동고동락하며 배운 게 아니니까 아무래도 정통성을 추궁 받으면 교인 앞에서 발언권이 떨어질 수밖에 없었지.

그런 사도 바울이 자신의 입지를 넓히기 위해 선택할 수 있는 방법은 뭐가 있을까? 유대인 사회에서 나름대로 지지 기반이 확고한 예수의 수제자들보다 많은 추종자를 확보할 수 있는 방법은? 답은 두 가지야.

첫째, 예수의 수제자들보다 열심히 예수의 가르침을 전하는 것. 실제로 바울은 예수에게 받은 계시를 열심히 기록으로 남겨서 편지 형태로 각 지방에 있는 교회에 보냈어. 그게 바로 신약성경의 절반을 차지하는 바울의 서신서야. 뒤에서 다루겠지만 베드로나 다른 제자들은 굳이 예수의 가르침을 문서화된 형태로 기록할 필요를 느끼지 않았어. 그래서 예수가 죽은 뒤 상당 기간 동안 초대교회 사람들에겐 문서로 기록된 예수의 가르침이 없었지. 사도 바울이 「데살로니가전서」를 시작으로 예수의 가르침을 담았다는 편지를 여기저기 보내서 교인을 가르치니까, 그제야 다른 제자들도 예수의 가르침을 글로 남기기 시작해. 신약이 기록된 연대에 대해선 신학자마다 조금씩 견해가 다르지만, 바울이 처음 「데살로니가전서」를 쓰고도 몇 년이 지나서야 예수의 수제자들이 복음서를 기록했다는 게 정설이야.

둘째, 파이를 키우는 것. 사도 바울은 예수의 수제자들보다 열심히 전도하는 것만으로는 자신의 한계를 극복할 수 없다는 걸 알고, 유대인이 아닌 이방인을 향한 전도에 매진하는 방법을 택하지. 엘리트에 속한 바울은 학문적인 성취가 대단한 사람이고, 사도로서 자신의 위치에 대해 자부심이 강했으며, 그 위치를 지키기 위해 예수의 수제자들과 싸웠어. 그런 자부심은 그가 기록한 성경 곳곳에서 드러나지. 기독교인이라면 그가 언제 바울이란 이름을 전면에 내세웠는지 생각해봐. 다메섹에서 예수를 체험한 직후가 아니야. 베드로와 다른 사도를 만난 뒤에야 자신의 이름을 로마식 발음인 바울로 칭하기 시작한다고. 이 똑똑한 양반은 자신이 예수의 수제자들과 경쟁해서는 비교도 안 된다는 걸 바로 깨달은 거야. 「갈라디아서」 2장에서 그가 어떻게 방향을 설정했는지 알 수 있지.

8 베드로에게 능력을 주어 그를 유대인의 사도로 삼으신 하나님이 나에게 능력을 주어 나를 이방인의 사도로 삼으신 것입니다.

사도 바울의 방향 설정은 정확했지. 예수의 수제자 중 누구도 바울만큼 열정적으로 이방인을 전도하지 않았거든. 덕분에 바울은 기독교 역사상 가장 중요한 전환점이라고 할 수 있는 이방인 전도의 물꼬를 튼 거야. 예수조차 관심을 두지 않은 이방인에게 야훼의 구원을 확장한 건 어디까지나 사도 바울의 공로란 말이지. 내가 기독교의 시작은 사도 바울이라고 말한 것도 이 때문이야. 로마 시민권자 바울이 아니었다면 기독교는 수십억 인구가 믿는 거대한 종교가 아니라 유대인 중에서도 일부만 믿는 소수 종교로 전락했거나 아예 맥이 끊겼으리라는 거지.

이런 이야기를 하면 기독교인은 이방인을 전도하라고 한 건 예수님의 명령이고, 바울은 거기 따랐을 뿐이라고 말하고 싶을 거야. 하지만 예수는 이방인을 구원하는 데 관심이 없었어. 믿을 수 없겠지만 그 부분에 관해선 다음에 이야기할게.

누구나 조금 전문적인 공부를 하다 보면 일종의 계보라는 게 있다는 걸 알 거야. 역사, 문학, 음악, 과학 어느 분야든 누구 밑에서 공부하느냐에 따라 추구하는 학문의 방향이 달라지고 실제로 파벌이 나뉘기도 해. 그게 좋은 거라고는 할 수 없지만, 스승에서 제자들에게 전해지는 지식의 흐름을 봤을 때 자연스러운 현상이라고 할 수 있지.

그런 관점에서 볼 때 예수의 가르침을 가장 잘 아는 건 예수와 동고동락한 수제자들이야. 사도 바울이 아무리 발버둥 쳐도 그는 환상 속에서 예수를 만났을 뿐, 육신을 입고 이 땅에 온 예수의 가르침은 직접 듣지 못했어. 그런데도 기독교의 역사가 사도 바울을 통해 정립됐다는 건 무슨 의미일까? 예수는 왜 3년 동안 직접 데리고 다니면서 훈련한 열두 제자 대신 일면식도 없는 사도 바울에게 기독교 중흥의 사명을 떠맡겼느냔 말이지.

논란의 여지가 있겠지만, 난 사도 바울이 예수를 만났다고 생각지 않아. 바울이 남긴 서신서 가운데 「고린도후서」 12장을 보면 그가 다메섹에서 환상을 통해 예수를 만난 이유를 짐작할 수 있는 대목이 나와.

7 내가 굉장한 계시를 받았다 해서 잔뜩 교만해질까봐 하느님께서 내 몸에 가시로 찌르는 것 같은 병을 하나 주셨습니다. 그것은 사탄의 하수인으로서 나를 줄곧 괴롭혀 왔습니다. 그래서 나는 교만에 빠지지 않게 되었습니다.
8 나는 그 고통이 내게서 떠나게 해주시기를 주님께 세 번이나 간청하였습니다.

이 기록을 보면 알겠지만 바울은 육체에 병이 있었어. 그걸 바울은 '가시'라고 표현했는데, 대다수 신학자들은 그 병이 간질이었을 거라고 추측해. 그래서 예수의 수제자 중 의사로 알려진 누가는 바울과 동행하면서 그가 언제 발작을 일으키든 도울 수 있는 주치의 역할을 한 것으로 알려지지. 많은 사람들이 익히 알고 있듯 간질 환자들이 흔히 경험하는 것이 환상을 보거나 환청을 듣는 거야.

이쯤 되면 내가 무슨 말을 하려는지 알겠지. 다메섹으로 가는 길에 바울이 만난 예수는 간질 발작을 일으킨 바울이 경험한 환상이라는 거야. 그렇게 해석하지 않고는 예수가 자기 수제자들을 제쳐두고 바울을 선택한 이유를 설명할 수가 없어. 실제로는 예수가 바울을 자기 종으로 선택한 적이 없다는 말이라고.

감히 위대한 예수의 사도를 간질 환자로 몰아세우고, 그가 만난 예수를 간질 발작 과정에서 본 환상으로 매도하지 말라고 할 기독교인도 있겠지. 그런데 무당이 접신할 때나 사람들이 귀신을 본다고 생각할 때 측두엽의 뇌파를 측정하면 동일한 그래프를 그린다는 게 밝혀졌어. 종교인에겐 슬픈 일이겠지만, 과학은 종교인이 생각하는 것보다 훨씬 많은 부분에서 종교적 미신을 파헤치고 있거든.

빈야드Vineyard 운동에 대해 들어본 기독교인이 있는지 모르겠어. '제3의 물결' '토론토 축복'이라고도 불리는데, 미국 캘리포니아에 있는 빈야드 교회를 중심으로 일어나는 종교운동이야. 빈야드 운동은 성령(하나님, 예수와 함께 야훼 신을 구성하는 삼위일체)의 체험을 강조하고, 초자연적인 능력과 신비주의적인 현상들을 중요시하지.

빈야드 운동은 기독교 주류 교단에게 이단으로 낙인찍힌 상태야. 기독교에서 이단을 분류하는 기준 중 하나가 신의 음성을 들었다고 주장하는지 여부거든. 그런데 이상하지 않아? 성경이 기록되던 시대엔 신구약을 막론하고 그런 신비한 체험들이 셀 수 없이 기록되었는데, 현대에 이르러선 신의 음성을 듣는 체험이 이단으로 분류된다는 거. 현대 기독교에서 신의 음성을 들었다는 체험을 이야기하면 이단으로 낙인찍히는 건 종교의 거짓이 드러날 수 있기 때문이지. 저마다 다른 신의 음성을 듣고 자기가 들은 신의 계시가 진짜라고 우기는 웃기는 상황이 발생할 수 있다는 거야. 그런 논란을 막기 위해 신의 음성을 들었다고 주장하는 건 이단이라고 못 박아버린 거지.

예전에 내가 다니던 교회에 성가대 지휘자가 새로 왔는데, 꽤 잘생기고 키도 크고 성격도 좋았어. 교회 자매님들은 난리가 났지. 그 지휘자 때문에 상사병에 걸린 자매님이 여럿 있었을 정도야. 한번은 그 지휘자가 나한테 상담을 청하더니, 망설이다가 이런 고백을 하더라. A자매가 자기를 찾아와서 "지휘자님을 제 남편감으로 예정해놓았다고 하나님이 응답해주셨어요"라고 하더래. 내가 그랬지. 기도 응답도 받았다는데 진지하게 교제해보는 건 어떻겠느냐고. 그런데 지휘자가 난감한 표정으로 말했어. "A자매의 고백을 받기 전에 B자매의 고백을 받았거든요. 그런데 B자매도 저를 남편감으로 주시기로 했다는 하나님의 음성을 들었다지 뭡니까."

기독교에서 신의 음성을 들었다는 걸 이단으로 낙인찍는 이유가 바로 이거야. 종교의 진면목이 여실히 드러나거든. 자신이 듣고 싶은 대로 환상과 환청을 경험해놓고 그걸 신의 계시라고 받아들이는 착각에 빠지기 쉽다는 거야. 하나님의 계시를 왜 착각이라고 말하느냐고? 하나님의 응답을 받았다는 당사자들에겐 안타까운 일이겠지만, 정작 그 지휘자는 하나님의 계시를 받지 못한 C자매와 결혼했거든.

나는 사도 바울이 간질 발작에 따른 측두엽 이상으로 환청을 들은 거라고 여기지만, 그런 결론을 강요하는 건 아니야. 단지 기독교인에게 생각할 거리를 던져줄 뿐이라고. 지금도 우리 주변엔 신의 계시를 받았다고 주장하는 종교인이 판을 치고 있어. 그들 한 사람 한 사람의 주장을 살펴보면 오히려 사도 바울보다 훨씬 세련되고 그럴듯한 논리로 무장된 경우도 많아. 2000년 전에 살던 간질 환자가 예수를 만났다고 주장하며 남긴 편지 내용을 믿는 것과 자신이 재림 예수라고 주장하는 현대의 사이비 교주를 믿는 것, 과연 뭐가 다를까?

사도 바울 역시 동성애는 결코 구원 받지 못할 죄악이라고 열변을 토했어. 하지만 내가 앞에서 밝혀줬듯이 동성애자가 될 수밖에 없는 사람들은 분명히 존재해. 그럼 바울에게 동성애자를 죄인 취급하도록 계시를 내려준 예수도 결국 현대인이 아는 IS의 존재를 몰랐다는 거잖아. 아니면 자기 생각이 신의 뜻이라고 바울이 착각했거나.

한일월드컵이 열리던 2002년, 우리나라엔 기독교인이 깜짝 놀랄 만한 책이 한 권 출간됐어. 동아일보사에서 번역 출판한 『예수는 신화다』라는 책이지. 1999년 영국에서 처음 출간된 이 책은 예수가 역사적 실존 인물이 아니라는 내용을 다양한 자료를 제시하며 주장하고 있어. 영국 일간지 데일리텔레그래프의 '올해의 책'에 선정되기도 했고, 인터넷 서점 아마존에서는 '놀라운 베스트셀러 surprise bestseller'로 선정됐을 정도로 세계적인 반향을 일으켰지.

나는 글에서 다른 사람들의 책 내용을 인용하는 걸 최대한 자제하고 있어. 그런데 갑자기 『예수는 신화다』 이야기를 하는 것은 이 책 때문에 한바탕 소동이 벌어졌기 때문이야. 이 책 내용에 담긴 파괴력이 두려웠는지 한국기독교총연합회(한기총)가 극심하게 반발하는 바람에 이 책은 시중에서 찾아볼 수가 없었어. 한기총이 동아일보 불매운동을 벌이겠다고 협박해서 동아일보사가 백기를 들고 책을 절판시켰거든.

그 책에 담긴 내용은 대부분 신학교 2, 3학년만 돼도 아는 것들인데, 한기총에선 그 내용이 일반 교인에게까지 알려지는 걸 두려워한 거야. 내가 말했지? 미국의 보수적인 신학교에 다니는 신학생들조차 졸업반이 가까워지면 성경에 기록된 기적들을 3분의 1밖에 믿지 않는다고. 하지만 자신들이 목사 안수를 받고 교회에서 설교할 땐 그런 내색을 하지 않거든. 교회의 높은 분들은 교인이 똑똑해지는 걸 원하지 않아. 자신들이 설교 시간에 잘 포장해서 알려주는 성경 해석만 들어야지, 역사 속의 성경을 교인이 알면 기독교라는 종교가 위태로워진다고 생각하는 거겠지.

『예수는 신화다』에 사도 바울을 언급한 부분도 있는데, 그 내용을 보면 교회가 전통적으로 사도 바울을 평가한 것과는 꽤 다른 부분이 눈에 띄어. 예를 들어 사도 바울이 예수의 뜻이라고 기록한 성경의 가르침 중엔 그리스 이교도의 신앙에 기반을 둔 내용이 있다는 식이지. 바울은 「사도행전」 17장 28절에서 "'우리는 그분 안에서 숨 쉬고 움직이며 살아간다.' 하는 말도 있지 않습니까?"라고 하는데, 이건 기원전 3세기경 그리스 시인 아라투스의 말을 인용한 거야. 「고린도전서」 8장 2절 "만일 누구든지 무엇을 아는 줄로 생각하면 아직도 마땅히 알 것을 알지 못하는 것이요"라는 구절은 소크라테스의 말을 차용한 거지.

이런 사실들만 봐도 바울이 자기 지식을 가지고 예수의 가르침인 양 성경에 기록한 부분이 적지 않다는 걸 부인할 수 없어. 바울이 기록한 신약성경은 상당 부분 자신이 접한 그리스 문화에서 영향을 받았다는 게 역사적인 사실이라고.

성경을 해석할 땐 그 시대의 역사와 상황을 알아야 한다는 건 목사들이 주장하는 말이야. 그렇다면 사도 바울이 예수가 아닌 이교도의 뛰어난 문화적 유산을 빌려 성경을 기록했다는 것도 인정해야 하지 않을까? 자신들은 신학교에서 다 배워 아는 내용을 교인이 알까 봐, 그것도 해외에선 학문적 성과를 인정받아 베스트셀러가 된 책을 불매운동이다 뭐다 해서 난리를 피우면 창피한 일이잖아.

신약성경에서 예수가 제자들에게 직접 가르친 내용만 추려서 프린트하면 열댓 장도 안 돼. 내용이 많다고 경전의 권위가 서는 건 아니지만, 사도 바울의 가르침은 그것보다 훨씬 많지. 한번 생각해봐. 과연 사도 바울이 남긴 가르침이 모두 신의 계시였는지 말이야.

참고로 『예수는 신화다』는 절판된 지 7년 만에 다른 출판사에서 재출간했어. 이젠 시중에서 구할 수 있으니까 관심 있는 사람들은 한번 읽어봐. 그 책에 대한 기독교의 반박도 인터넷에서 쉽게 찾아볼 수 있으니 양쪽을 비교해보라고 권하고 싶어. 한 가지 사안에 대해 양쪽의 의견을 다 들어보는 건 굉장히 중요한 일이고, 합리적인 사람의 태도야. 성경만이 진리라는 태도는 성경 내용을 비판하는 견해를 접한 뒤에 선택해도 늦지 않다는 거야. 기독교 지도자들이 허접스러운 내용이라고 폄하하는 『예수는 신화다』 같은 책 몇 권 읽고 흔들릴 정도로 믿음이 나약하거나, 성경 내용이 허술하다고 생각지 않는다면 말이지.

Q 사도 바울이 자기 지식을 풀어 예수의 가르침을 비유적으로 설명할 수도 있는 것 아닙니까?

A 그것이 단순한 지식이 아니라는 게 문제입니다. 바울은 당시 세계의 중심이던 로마 문화권에서도 엘리트였습니다. 덕분에 로마로 몰려든 각국의 종교와 신, 그러니까 조로아스터교부터 오시리스, 디오니소스 신화에 이르기까지 다양한 이교도의 신과 그 신을 믿는 자들의 영향을 너무 많이 받았습니다. 예수를 직접 만나본 적 없던 바울은 때때로 예수의 가르침과 이교도 신의 가르침을 혼동했다는 것이 성경 곳곳에 드러나고 있습니다. 이 부분에 관해서는 『예수는 신화다』를 정독해보시라고 권하고 싶습니다.

신의 공의로움
– 사키 바트만
이야기

Freak Show!

죄인이라도 사후엔 반드시 신의 공의로운 심판을 받을까?

지금부터 200년 전쯤 남아프리카 케이프타운 인근 지역에 사키 바트만Saartje Baartman이란 여자가 살았어. 코이코이족 원주민인 이 흑인 여성은 키가 132cm에 불과했지만, 엉덩이와 가슴은 보통 사람보다 몇 배나 커서 침략자 백인의 관심거리가 됐지. 그런 백인 중에 그녀의 특이한 체형을 보고 돈벌이가 되겠다고 생각한 영국인 의사가 한 명 있었어. 그는 사키 바트만에게 큰돈을 벌게 해주겠다고 속여서 그녀를 영국으로 데려갔지. 스무 살이던 사키 바트만은 자신에게 무슨 일이 벌어질지 꿈에도 상상하지 못한 채 대서양을 건너간 거야.

런던에서 그녀는 인종학자들은 물론 일반인에게도 굉장히 흥미로운 구경거리였어. 그녀는 옷이 다 벗겨져서 엉덩이와 성기까지 드러낸 채 박물관에서, 거리에서, 대학에서 동물원 원숭이처럼 우리에 갇혀 수년간 '이상한 쇼freak show'의 주인공이 됐지. 당시 남아프리카를 오가던 서구인은 유목민 코이코이족을 인간이라고 생각하지 않았어. 그들의 관점에서 코이코이족은 조금 우수한 유인원일 뿐이고, 사키 바트만은 엉덩이와 가슴이 큰 유인원이었지.

영국에서 사키 바트만은 많은 구경꾼을 모으며 사람들의 이목을 끌었지만, 몇 년 지나서 인기가 시들해지기 시작하자 이번엔 야생동물 흥행사에게 팔려가. 그녀는 유랑 서커스단의 '동물' 이 되어 유럽 각국의 도시들을 순회하지. 그 와중에 그녀의 이름은 백인이 부르기 쉬운 세례명 사라 바트만으로 바뀌었고, '호텐토트(열등인종)의 비너스' 라는 애칭이 생겼어. 결국 매춘까지 강요받으며 성 노예로 전락한 그녀는 1815년 새해 첫날, 스물여섯 살 생일을 눈앞에 두고 사창가에서 쓸쓸히 죽음을 맞았지.

그녀의 불행은 죽어서도 끝나지 않았어. 사키 바트만의 시신은 조지 쿠비에라는 해부학자에게 연구 재료로 넘겨졌거든. 쿠비에가 그녀의 시신을 가지고 연구한 주제는 '인간이 멈추고 동물이 시작되는 자리' 야. 그 후 사키 바트만의 시신은 뇌와 성기가 잘린 채 박제가 되었고, 1974년까지 자그마치 159년 동안 박제로 프랑스의 인류학박물관에 전시되어 사람들의 구경거리가 됐어. 아이로니컬하게도 사키 바트만의 부족 이름인 코이코이Khoi Khoi는 그들의 언어로 '인간' 이란 뜻이야. 하지만 그녀는 인간이 아닌 동물 취급을 당하며 비참하게 죽어갔지.

남아프리카공화국 정부는 사키 바트만의 유해를 돌려달라고 청원했지만, 프랑스 정부는 '국가가 수집한 소유물이므로 반환할 수 없다' 고 7년이나 버텼어. 결국 인권 운동가들이 '인간의 장기와 같은 신체 혹은 그 일부는 국가에 귀속될 수 없다'는 법 조항을 찾아내는 바람에 프랑스 정부는 마지못해 그녀의 유해를 남아프리카공화국에 인도했지. 고향을 떠나 200년 가까이 인간 취급도 받지 못하고 불행한 삶과 죽음, 불행한 시신으로 같은 인간의 구경거리가 된 사키 바트만은 2002년 5월에야 박제된 몸으로 고향에 돌아올 수 있었어.

오해하지 마. 사키 바트만의 슬픈 삶을 이야기한 건 그녀의 삶을 처참하게 유린한 유럽의 기독교인을 비난하기 위해서가 아니야. 신은 왜 사키 바트만을 그런 불행에 빠뜨렸느냐고 따지려는 것도 아니야. 내가 이번에 휘두르려는 칼은 이성이 아니라 감성의 칼이야.

난 무신론자니까 세상의 행복과 불행, 기쁨과 슬픔, 삶과 죽음이 신의 섭리 안에서 이뤄진다고 믿지 않아. 유럽 기독교인에게 처참히 유린 당하고 죽어간 사키 바트만의 삶에 신이 개입했다고 생각지 않는단 말이야. 하지만 내가 그녀처럼 살았다면 내 삶을 유린한 사람들이 믿는 신을 결코 믿지 않을 거야.

입장을 바꿔놓고 생각해봐. 당신이 조선 시대에 태어난 처녀인데 낯선 외국인에게 속아서 유럽까지 끌려가 발가벗긴 채 사람들의 구경거리가 되고, 우리에 갇혀 서거스단 원숭이 취급을 당하고, 나중엔 성 노예로 전락해 사창가에서 비참한 죽음을 기다리고 있다고. 그때 당신 앞에 목사가 나타나 "당신의 삶을 유린한 사람들이 믿는 신을 섬기겠습니까?"라고 묻는다면 당신은 야훼를 구세주로 받아들이겠어?

신의 공의는 어디에서 오는 걸까? 사키 바트만의 삶을 보면 알겠지만, 그녀는 결코 야훼라는 신을 믿을 수 없이 살다가 비참하게 죽어갔어. 안티 기독교인이 "이순신 장군은 천국 갔나요?"라고 묻는 것과는 다른 얘기야. 이순신 장군은 기독교를 접해볼 기회도 없었겠지만, 사키 바트만은 기독교인에게 자신의 삶을 철저히 유린 당하고 박해를 받으며 죽어갔단 말이야. 「고린도전서」 10장에 이런 구절이 나오지.

13 여러분이 겪은 시련은 모두 인간이 능히 감당해 낼 수 있는 시련들이었습니다. 하느님은 신의가 있는 분이십니다. 하느님께서는 여러분에게 힘에 겨운 시련을 겪게 하지는 않으십니다. 시련을 주시더라도 그것을 극복하고 벗어날 수 있는 길을 마련해 주실 것입니다.

하지만 세상엔 아무리 쉬운 시험이라도 탈락하는 사람들이 있게 마련이지. 신이 볼 땐 자식의 목을 베고 팔다리를 자른 뒤 배를 갈라 창자를 끄집어내고 불로 태워서 그 냄새를 바치라는 것도 얼마든지 감당할 만한 시험인지 모르겠지만, 그 시험에 통과하지 못하는 사람들도 많단 말이야. 인간도 자식에게 기대가 있고 바라는 것들이 있지만, 자식들이 그 수준에 이르지 못한다고 해서 자식을 버리거나 저주하지 않아. 야훼는 자신이 정해놓은 커트라인과 시험을 통과하지 못한 인간을 저주하고 영원히 지옥에 가두는 존재라는 게 문제지.

사키 바트만은 자신에게 주어진 삶이 야훼의 시험이라는 것을 받아들이고, 자신을 유린한 사람들이 믿는 신을 받아들여야 했을까? 그것이 그녀에게 주어진 '인간이 능히 감당해낼 수 있는 시련' 일까? 사람이 죽고 사는 것에 대해 신의 책임을 물을 생각은 없어. 난 신의 존재를 믿지 않으니까. 생후 6개월 된 아기가 세례를 받다가 질식해 숨졌다고 해도 신에게 책임을 묻지 않겠단 말이야. 그러나 사키 바트만과 같이 처참하게 살다 간 사람에게 '인간이 능히 감당해낼 수 있는 시련' 운운하며 자신을 믿지 않았다는 이유로 지옥에 보내는 신이 있다면, 그것이 신의 공의고 사랑이라고 가르치는 종교가 있다면 나는 결코 그 신이나 종교를 받아들일 수가 없어.

신이 있다고 해도 난 그가 인간에게 사랑만 줘야 한다고 생각지 않아. 때론 시련과 역경도 줄 수 있겠지. 그러니까 사키 바트만과 같이 사는 사람이 있다고 해서 신을 원망하고 싶진 않아. 다만 그토록 비참하게 살다 간 사람이 야훼를 사랑하지 않았다는 이유만으로 신에게서 버림 받아 지옥에 떨어져야 한다면 그것이 과연 신의 공의로움인지 묻고 싶은 거야. 신앙심 깊은 중산층 부모 밑에 태어나 자연스레 기독교인이 되어 별다른 고생 없이 살다 죽은 사람의 영혼과 사키 바트만의 영혼이 신 앞에 나란히 섰을 때 사키 바트만에게 지옥행 티켓을 끊어주는 것이 야훼라면 그런 존재를 공의로운 신이라고 말할 수 있을까? 사키 바트만도 구원 받았을 거라고 말하는 기독교인도 있겠지. 하지만 그건 있지 않은 말로 신을 변호하는 거야. 신은 자신을 믿지 않은 인간도 구원 받을 수 있다고 말한 적이 없으니까.

슬픈 통계지만 수많은 선교사가 아마존이나 오지의 원주민을 만나서 일어나는 가장 흔한 사건은 원주민의 몰살이야. 외부인과 접촉하지 않은 채 깊은 밀림이나 오지에서 철저히 폐쇄적인 생활을 해온 씨족 단위의 원주민은 외부인이 가져온 사소한 감기 바이러스에도 생명을 잃을 수 있어. 실제 역사 속에서 선교사들과 접촉한 수많은 오지의 원주민은 신의 말씀을 접하기도 전에 선교사들이 가져온(?) 바이러스로 인해 몰살하는 일이 빈번하게 일어났어.

야훼를 알지 못하면 구원을 얻을 수 없다는 교리를 가르치는 기독교에서 신의 사자로 말씀을 전하러 간 선교사들로 인해 부족 전체가 몰살하는 원주민… 이 속에 어떤 신의 계획과 사랑이 숨어 있는 걸까?

수백 년 전 유럽 기독교인이 아메리카에 도착했을 때 그들은 교황청에 "인디언도 인간으로 대해야 합니까?"라고 교리적 질문을 했어. 그 질문에 대한 교황청의 대답은 "예배에 참여할 수 있는 한 인간으로 대하라"였다고 해. 다시 말해 예배에 참여하지 않는 인디언은 인간이 아니라는 거야. 당시 기독교인에게 인간과 동물을 구분하는 기준은 하나님을 믿느냐 믿지 않느냐였지. 저 대답 덕분에 인디언은 기독교인에게 엄청난 학살을 당해. 하지만 저런 지침을 내린 교황청을 욕하는 건 화살을 잘못 날린 거야. 자신을 사랑하지 않는 인간은 모두 죄인이라고 가르친 건 바로 기독교의 신이니까.

조금 다른 예를 들어볼까? 난 자본주의사회의 경쟁을 필요악이라고 생각하지만, 최소한의 안전장치는 마련해야 한다고 봐. 아무리 살벌한 경쟁 사회라도 교육과 의료의 혜택만큼은 누구나 받을 수 있어야 한다고 생각한다는 얘기야. 인간 세상이 완벽하게 공평할 순 없으니까 어느 부모를 만났느냐에 따라 출발선이 뒤처질 순 있어. 하지만 조금 뒤쪽에서 출발하더라도 열심히 달리면 결승점에선 승부를 뒤집을 수 있어야 하잖아. 인생은 100m 승부가 아니라 마라톤이라고 하는 것도 그 때문일 테고. 그런데 돈이 없어서 치료를 받지 못하거나 가난해서 교육의 혜택을 받지 못한다면 출발선에 설 기회조차 얻지 못한 거잖아.

그럼 다시 물어볼까? 사키 바트만처럼 구원의 기회조차 잡아보지 못하고, 출발선에 서보지도 못한 사람에게 "넌 왜 결승점을 통과하지 못했니?"라고 묻는 신이 있다면? 그리고 그녀에게 "넌 내가 내린 시험을 통과하지 못했으니 지옥행"이라고 말하는 신이 있다면 그 성품이 과연 공의롭다고 할 수 있을까? 사랑과 공의의 하나님이라고 칭송 받는 존재가 사키 바트만을 지옥으로 보내는 공의(?)를 드러낸다는 것을 어떻게 받아들여야 할지 난 도무지 모르겠어.

내가 이 책의 내용을 인터넷에 연재할 때 기독교인에게 '차갑고 냉정한 녀석' 이란 비난을 많이 들었어. 종교에 대해 차가운 이성의 칼날만 휘둘러서야 되겠느냐는 비난이었지.

그 사람들한테 부탁하고 싶은 말이 있어. 사키 바트만의 삶을 통해서 야훼의 공의로움을 어떻게 이해할 수 있을지 가슴으로 생각해봐. 그래도 나더러 이성의 칼날만 들이대는 냉정한 녀석이라고 말하는 사람들이 있다면 난 기독교인이 말하는 종교의 사랑보다는 냉혹한 인간으로 살고 싶어.

Q …有口無言

A …問答無用

이스라엘의 하나님, 이스라엘의 예수

예수는 모든 나라와 민족을 구원하려 했나?

먼저 한 가지 밝혀두는데, 난 예수라는 인물을 그다지 싫어하지 않아. 적어도 구약에 언급된 야훼보다는 훨씬 친근함을 느끼는 인물이 예수거든. 신약에 기록된 그의 가르침 중 상당수는 나도 공감하고, 심지어 무신론자가 된 지금도 따르려고 애쓸 정도야. 특히 「마태복음」 5~7장에 기록된 산상수훈은 기독교 윤리의 정수라고 할 수 있어. 다른 종교인이나 무신론자도 한번쯤 귀담아들을 만한 내용이지. 하지만 교회를 떠나 무신론자가 되기까지 예수의 가르침에 대해 많은 고민을 하면서 내린 결론은, 예수 역시 구약의 야훼와 다를 바 없이 인간의 삶에 큰 멍에를 짊어지게 한 존재라는 거야. 이번에는 그런 나의 생각을 이야기해보려고 해.

기독교가 '원조 맛집' 유대교와 가장 크게 구별되는 점은 예수라는 존재를 메시아로 받아들인다는 거야. 기독교인은 예수를 인간의 육신을 입고 이 땅에 온 신의 아들이라고 믿지만, 유대교인은 구약에 예언된 메시아가 아직 이 땅에 오지 않았다고 생각하거든. 유대인에게 예수는 신의 아들이라고 자칭한 사이비 교주와 같은 존재야.

예수가 처녀의 몸에서 태어났다거나, 물 위를 걸었다거나, 죽은 지 사흘 만에 부활했다거나 하는 종교적인 기적에 대해서는 따로 언급할 생각이 없어. 하지만 신라의 시조 박혁거세가 신화에 기록된 대로 알에서 태어났다고 믿는 사람들이 있으면 기독교인은 비웃겠지. 재미있는 사실은 박혁거세와 예수가 거의 비슷한 시기에 태어났다는 거야. 역사적으로 예수에 대한 기록은 성경 외엔 찾아보기 힘들어. 로마는 자신들이 정복한 식민지에 대해 많은 기록을 남겼지만, 이스라엘에서 일어난 새로운 종교운동의 중심에 서 있던 예수란 사내에 대해선 별다른 기록을 남기지 않았거든. 요세푸스라는 역사가가 예수에 대한 기록을 남겼다는 주장이 있지만, 그의 기록은 후대에 조작됐다고 보는 견해가 우세해.

최근 이슈가 된 다큐멘터리 '시대정신Zeitgeist'을 본 사람들이 있을 거야. 거기엔 기독교를 비판한 내용이 담겼는데, 음모론자의 시각에서 제작된 다큐멘터리라 내용의 출처가 불분명하고 과장도 심한 편이지. 기독교 교리에 반대하는 측에서조차 관련 자료를 접해본 사람들은 '시대정신'에 담긴 내용을 모두 사실이라고 받아들여선 안 된다고 경고할 정도거든.

하지만 그 내용 중 일부는 신화 연구와 역사를 통해 밝혀진 부인할 수 없는 사실이야. 대표적인 내용이 예수의 생애는 사실 예수의 것이 아니었다는 지적이지. 예수의 탄생보다 수백, 수천 년 앞선 다른 민족의 신화에 예수와 거의 비슷하게 산 신의 아들들이 있었다는 거지. 예수는 이집트나 수메르, 그리스의 신화들을 짜깁기해서 만들어낸 인물이란 주장이 학자들 사이에서도 논란이 되거든. 그런 주장에 관심이 있다면 『수메르, 신들의 고향』이나 앞서 소개한 『예수는 신화다』를 읽어봐. 나는 그렇게 학술적으로 접근할 능력도, 마음도 없어. 여기서는 내가 바라보는 예수에 대해 중점적으로 쓸게.

기독교인에게 예수의 가장 큰 업적은 두 가지로 압축할 수 있어. 하나는 구약의 율법에서 인간을 해방했다는 것이고, 다른 하나는 유대인을 대상으로 하던 야훼의 구원을 전 세계 모든 민족으로 확장했다는 거야. 하지만 나는 두 가지 모두 예수에 대한 오해라고 생각해. 그 오해를 풀어가는 게 이번 이야기의 핵심이야.

내가 책의 앞부분에서 구약의 여러 가지 율법에 담긴 모순과 불합리, 인간에 대한 차별적인 시선을 비판한 걸 기억하지? 그런 비판은 워낙 오래전부터 제기돼온 문제고, 기독교인은 그 해답을 마련한 상태야. 기독교인은 예수가 등장함으로써 구약의 율법은 새로운 계명으로 대체됐다고 생각하거든. 「요한복음」 13장 34절에 나와 있듯이.

새 계명을 너희에게 주노니 서로 사랑하라 내가 너희를 사랑한 것 같이 너희도 서로 사랑하라.

모세오경에 기록된 수많은 율법, 즉 신이 금지한 죄악의 항목들은 예수가 등장함으로써 '사랑'이라는 계명으로 대체됐다는 게 기독교인의 입장이야. 그러니 구약의 율법을 가지고 기독교를 비판하면 번지수를 잘못 짚었다고 억울해하지.

안식일에 예수의 제자들이 들판의 밀 이삭을 까먹은 게 율법을 어긴 것이라고 비판하는 자들에게 예수는 "안식일은 사람을 위해 있는 것이지 사람이 안식일을 위해 있는 것이 아니다"라고 대답했다는 걸 「성경은 과연 신의 말씀인가?」에서 언급한 적이 있어. 예수의 이런 모습을 보면 구약의 율법이 폐기됐다는 해석도 나올 법하지. 하지만 예수의 행적을 기록한 복음서 전체를 놓고 보면 예수가 구약의 율법에서 인간을 자유롭게 했다는 건 잘못된 성경 해석이라는 걸 알 수 있어. 「마태복음」 5장에 있는 예수의 산상수훈을 읽어보면 이런 내용이 나와.

17 내가 율법이나 예언자들을 없애러 왔다고 생각하지 말아라. 없애러 온 것이 아니라 완전하게 하러 왔다.
18 내가 분명히 말해 둔다. 하늘과 땅이 없어지기 전에는 율법의 한 점이나 한 획도 결코 없어지지 않고 다 이루어질 것이다.
19 누구든지 이 계명 가운데 가장 작은 것 하나라도 어기거나 다른 사람에게 그렇게 하라고 가르치면 하늘 나라에서 가장 작은 사람이 될 것이다. 그러나 누구든지 계명을 실천하고 가르치면 하늘 나라에서 위대한 사람이 될 것이다.
20 내가 너희에게 말해 두지만 너희 생활이 율법학자들과 바리새파

사람들보다 의롭지 못하면 너희가 절대로 하늘 나라에 들어가지
못할 것이다
21 모세의 법에는 살인하지 말아라. 살인하면 누구든지 재판을 받게
된다라고 쓰여 있다
22 그러나 나는 너희에게 말한다. 누구든지 형제에게 이유 없이 화내
는 사람은 재판을 받고, 자기 형제를 어리석다고 욕하는 사람은 법
정에 끌려가게 될 것이며, 이 미련한 놈아! 하고 말하는 사람은 지
옥 불에 들어갈 것이다.

예수는 스스로 구약의 율법을 폐하러 온 것이 아니라고 분명히 말해. 오히려 율법은 일점일획도 변함없이 이뤄질 것이며, 율법을 철두철미하게 지킨 것으로 유명한 바리새인보다 행실이 의롭지 못하면 절대로 천국에 들어갈 수 없다고 단언하지. 어떤 면에서 예수는 구약의 율법보다 지키기 힘든 허들을 세워놓은 존재라고 할 수 있어. 모세의 율법에는 살인하지 말라고 가르치지만 예수는 그 가르침을 훨씬 더 확장해서 적용시키거든. 진짜 사람을 죽이는 것이 아니라 형제를 향해 바보라고 욕하는 것만으로도 지옥 불에 떨어질 거라고 엄포를 놓으면서 말이야.

그런데 기독교인은 왜 예수가 구약의 율법에서 인간을 해방했다고 주장할까? 예수가 말한 "새 계명을 너희에게 주노니…"라는 이야기는 구약의 율법을 쓰레기통에 처박으라는 의미가 아니야. 구약의 율법을 모두 지키되, 인간에 대한 사랑을 잊지 말라고 덧붙인 것이지. 그러면 안식일이 인간을 위해 있는 것이란 가르

침은 뭐냐고 물을 기독교인도 있겠지. 중요한 건 「마가복음」 2장 27절에 나타난 안식일에 대한 예수의 견해와 「마태복음」 12장의 기록은 전혀 다르다는 사실이야. 똑같은 사건을 놓고 마태는 마가와 전혀 다른 서술을 했다고.

5 또 안식일에 제사장들이 성전 안에서 안식을 범하여도 죄가 없음을
너희가 율법에서 읽지 못하였느냐
6 내가 너희에게 이르노니 성전보다 더 큰 이가 여기 있느니라
7 나는 자비를 원하고 제사를 원하지 아니하노라 하신 뜻을 너희가
알았더라면 무죄한 자를 정죄하지 아니하였으리라.
8 인자는 안식일의 주인이니라 하시니라

바리새인이 안식일에 밀 이삭을 까먹은 예수의 제자들을 비난하자, 예수는 자신이 율법의 권위보다 높은 존재라는 것을 내세워 바리새인의 입을 막아버린 거야. 「마가복음」에선 안식일의 주인이 인간인 것처럼 말했지만, 「마태복음」에선 안식일의 주인은 인자(=예수)라고 선포한다고. 적어도 「마태복음」에선 안식일에 일하지 말라는 율법을 예수가 폐기한 적이 없어. 다만 예수는 자신이 안식일을 지키라고 명령한 야훼의 아들이고 신과 동급이니까 자기랑 있을 때는 안식일에 일하지 말라는 율법을 지키지 않아도 괜찮다고 말한 거야.

성경에선 똑같은 사건을 다르게 서술한 부분이 많다고 한 거 기억하지? 이 안식일 사건도 그런 경우야. 마태와 마가는 안식일

에 대한 예수의 태도를 서로 다르게 기록했어. 그리고 기독교인은 필요에 따라 상반된 가르침을 임의로 골라서 인용하지.

안식일을 지키라는 십계명의 내용에 대해 야훼는 「출애굽기」 31장에서 다시 한번 강조하는데, 성경 원문은 다음과 같아.

15 …그러므로 안식일에 일하는 자는 반드시 죽여야 한다.

16 이와 같이 너희 이스라엘 백성은 이 안식일을 영구한 계약으로서 대대로 지켜야 한다.

실제로 「민수기」 15장에는 모세가 야훼의 명령에 따라 안식일에 일한 백성을 죽이도록 한 장면도 나와.

32 이스라엘 사람들이 광야에 있을 때 어떤 사람이 안식일에 나무를 하다가 발각되어

33 모세와 아론과 이스라엘 군중 앞에 끌려왔다.

34 그러나 그들은 그를 어떻게 해야 할지 몰라서 가두어 두었다.

35 그때 여호와께서 모세에게 그를 처형하라. 너희 모든 군중이 진영 밖에서 그를 돌로 쳐죽여라 하고 말씀하셨다.

36 그래서 그들은 여호와께서 모세에게 명령하신 내로 그를 진영 밖으로 끌고 가서 돌로 쳐죽였다.

이러한 야훼의 단호한 명령을 예수가 파기했다고? '영구한 계약으로서 대대로 지켜야 한다' 고 야훼가 직접 명령한 걸 예수가

폐기 처분했단 말이야? 분명히 말하지만 구약의 율법을 지키지 않아도 된다고 예수가 직접 선포한 기록은 없어. 예수가 죽은 뒤에 베드로가 환상(꿈?) 가운데 구약에서 먹지 못하도록 규정한 정결하지 못한 음식들(돼지고기 같은 것)을 먹어도 된다는 계시를 받은 적은 있지. 하지만 그건 전도의 효율성을 높이기 위한 의도로 기록된 거라고 보는 게 맞아. 돼지고기를 맛있게 먹던 로마인을 전도하려면 유대인의 음식 문화를 강요할 수 없었을 테니까 말이야.

예수가 이 땅에 온 것이 구약시대의 율법에서 인간을 자유롭게 하기 위함이었다면 그가 살아 있을 때 그런 가르침을 제자들에게 전했겠지. 설마 그 많은 구약의 율법 중에서 먹는 문제 하나만, 그것도 시시하게 꿈속에 나타나 돼지고기는 먹어도 괜찮다고 했을까? 신약성경 앞부분에 있는 복음서는 순서대로 하나씩 읽지 말고 같은 사건을 마태와 마가, 누가, 요한이 어떻게 기록했는지 비교하며 읽어봐. 그러면 예수의 실체를 뚜렷하게 알 수 있을 거야.

현대인의 이성과 윤리관을 기준으로 보면 예수의 가르침은 분명 구약성경에서 야훼가 보여준 편협함과 폭력성을 많이 탈피한 게 사실이야. 그래서 기독교인은 구약성경에 묘사된 신의 성품을 부인하고 신약성경에 묘사된 '사랑의 예수'를 진짜 신의 모습이라고 떠받들지. 한마디로 구약은 용도 폐기된 율법이고, 신약에 이르러서야 진정한 사랑의 하나님이 드러난다는 이야기야. 그래서 나처럼 구약의 편협하고 폭력적이고 수시로 인간을 학살하는 신의 성품을 비판하는 건 잘못된 방식이라는 의견도 있어.

하지만 예수는 어느 날 갑자기 하늘에서 뚝 떨어진 인물이 아니야. 기독교인의 표현을 빌리면 예수는 구약의 예언을 성취하러 온 인물이잖아. 예수는 구약의 내용을 기반으로 등장한 인물이고, 그래야만 존재 가치가 있는 존재란 얘기지. 그런 예수가 자신의 뿌리가 되는 구약의 율법에서 인간을 해방했다고?

다시 말하지만 예수는 구약의 율법에서 인류를 해방한 적이 없어. 그는 바리새인보다 철저하게 구약의 율법을 지켜야 구원 받을 수 있다고 강조한 인물이라고. 오히려 예수는 구약엔 등장하지 않는 지옥이란 개념을 들여와서 죽음에 대한 협박을 본격화했어. 그런데도 예수가 인류를 구약의 폭력적이고 편협한 야훼에게서 건져냈다고 믿는 건 기독교인의 크나큰 오해란 말이야.

이번에는 예수가 야훼의 구원을 모든 나라와 민족으로 확대했다는 오해를 풀어볼게. 사도 바울에 대해 이야기하면서도 잠깐 언급했지만, 예수는 유대인을 제외한 이방인을 전도하는 데 전혀(!) 관심이 없었어. 구약성경에서 야훼는 자신을 '이스라엘의 하나님'이라고 말할 정도로 유대인을 편애한 부족신이야. 예수도 "나는 이스라엘 집의 잃어버린 양 외에는 다른 데로 보내심을 받지 아니하였노라"고 말했다는 걸 기독교인도 알 거야. 「마태복음」 15장에 나오는 이 이야기는 예수가 제자들과 함께 길을 걸을 때 이방인 여자가 찾아와 귀신 들린 딸아이를 고쳐달라고 간청했을 때 예수가 대답한 말이야.

22 그런데 그 지역에 사는 어떤 가나안 여자가 예수님께 와서 소리쳤
습니다. "주님, 다윗의 자손이여, 저를 불쌍히 생각하시고 도와 주
세요! 제 딸이 귀신들려서 매우 고통받고 있습니다."
23 그러나 예수님께서는 그 여자에게 한 마디도 대답하지 않으셨습니
다. 제자들이 예수님께 와서 청했습니다. "저 여자를 돌려 보내십
시오. 우리를 따라다니면서 소리지르고 있습니다."
24 예수님께서 대답하셨습니다. "나는 이스라엘 집의 잃어버린 양에
게로만 보냄을 받았다."
25 그 때, 그 여자가 예수님께 와서 절을 하고 간청했습니다. "주님,
도와 주십시오!"
26 예수님께서 대답하셨습니다. "자기 자식의 빵을 집어서, 개에게 던
져 주는 것은 옳지 않다."

사랑의 예수라는 이미지에 어울리지 않는 이 냉혹한 모습을 보며 기독교인은 예수께서 이방인 여자의 믿음을 시험하기 위해 모질게 말씀하셨을 뿐이라고 하지. 실제로 다음 구절을 보면 이야기의 결말이 어떻게 흘러가는지 알 수 있어.

27 그 여자가 대답했습니다. "그렇습니다. 주님, 그러나 개라도 주인
의 식탁에서 떨어진 음식 부스러기는 먹습니다."
28 그러자 예수님께서 말씀하셨습니다. "여자야, 너의 믿음이 크구나!
네가 원하는 대로 될 것이다." 바로 그 때, 그 여자의 딸이 나았습
니다.

예수의 냉혹한 대답에 이방인 여자는 납작 엎드려서 자신을 주인의 상에서 떨어지는 음식 부스러기라도 먹는 개라고 표현해. 예수는 그제야 여자의 믿음을 인정하고 딸아이를 고쳐주지. 사람의 중심을 본다는 신께서 사람을 저토록 비참하게 만들고 병을 고쳐주는 모습을 보며 마음이 씁쓸해지는 건 꾹 참고 넘어갈게. 또 다른 사건을 살펴봐야 하거든. 「마태복음」 8장을 보자고.

5 예수님께서 가버나움이라는 마을에 들어가셨을 때, 한 백부장이 예
수님께 와서 도움을 청했습니다.
6 백부장이 말했습니다. "주님, 제 종이 집에 중풍으로 누워 있는데,
매우 고통을 받고 있습니다."
7 예수님께서 말씀하셨습니다. "내가 가서 고쳐 주겠다."
8 백부장이 대답했습니다. "주님, 저는 주님을 집에 모실 만한 자격이
없습니다. 그저 말씀만 해 주십시오. 그러면 제 종이 나을 것입니다.
9 제 자신도 다른 사람의 부하이고, 제 밑에도 부하들이 있습니다. 제
가 부하에게 '가거라' 하면 그가 가고, '오너라' 하면 그가 옵니다.
그리고 부하에게 '이것을 하라' 하면 그것을 합니다."
10 예수님께서 이 말을 들으시고 놀라시며, 따라오던 사람들에게 말
씀하셨습니다. "내가 진정으로 말한다. 나는 지금까지 이스라엘에
서 이같이 큰 믿음을 가진 사람을 본 적이 없다.

백부장이란 부하를 100명 거느린 군대의 장교를 말해. 요즘으로 따지면 중대장 정도 되는 직급이지. 눈여겨봐야 할 건 그가 로

마의 장교라는 거야. 단순한 이방인이 아니라 이스라엘을 점령한 로마군의 장교라는 것. 예수는 로마군 장교가 찾아와 가족도 아닌 자기 하인을 고쳐달라고 하자, 흔쾌히 가서 고쳐주겠다고 말해. 보잘것없는 이방 여자를 대할 때와는 전혀 다른 태도지. 왜 그랬을까? 이방인 여자에겐 그토록 가혹하게 취급하면서 믿음을 시험하던 분이 점령군의 장교에겐 순순히(?) 가족도 아닌 하인의 병을 고쳐주려고 나선 이유가 뭐냔 말이지. 과연 예수는 이방인을 구원하려는 열정이 있었을까, 아니면 현실의 작은 권력에도 고개를 숙인 걸까? 내가 이렇게 이야기하면 기독교인은 백부장 사건의 뒷부분을 이야기하면서 억울해할 거야. 예수는 백부장의 믿음을 칭찬한 다음 이렇게 말하거든.

11 또 너희에게 말한다. 동서 사방에서 많은 이방인들이 모여들어 하
늘 나라에서 아브라함과 이삭과 야곱과 함께 잔치 자리에 앉을 것
이다.
12 그러나 유대인들은 바깥 어두운 곳으로 쫓겨나 통곡하며 이를 갈
것이다.

이게 바로 예수가 이방인을 구원의 대상으로 여겼다고 기독교인이 주장하는 근거가 되는 구절이야. 이방인이 구원 받을 때가 올 것이며, 반대로 유대인은 구원 받지 못하고 통곡할 거라는 예수의 예언이거든. 그런데 내가 앞에서 뭐라고 했지? 똑같은 사건이 다른 복음서에는 어떻게 기록됐는지 살펴봐야 예수의 실체를

알 수 있다고 말했잖아. 그럼 이 사건이 「누가복음」 7장엔 어떻게 기록되었는지 볼까?

2 어떤 백부장이 소중하게 여기는 종이 있었는데 병들어 죽게 되었습니다.

3 백부장은 예수님에 관한 소문을 듣고 몇몇 유대의 장로들을 예수님께 보내어, 자기의 종을 고쳐 달라고 부탁하였습니다.

4 그들은 예수님께 와서 간청하였습니다. "이 사람은 선생님께서 부탁을 들어 줘도 될 만한 사람입니다.

5 이 사람은 우리 민족을 사랑합니다. 그는 우리에게 회당을 지어 주었습니다."

6 예수님께서 그들과 함께 가셨습니다. 예수님께서 백부장의 집 가까이에 이르렀을 때, 백부장이 친구들을 보내 예수님께 말하였습니다. "주님, 수고하실 필요가 없습니다. 저는 선생님을 집에 모실 만한 자격이 없습니다.

7 그래서 제가 주님께 나올 자격도 없다고 생각했습니다. 말씀만 하십시오. 그러면 제 종이 나을 것입니다.

8 저도 다른 사람 아래에 있고, 제 밑에도 부하들이 있습니다. 제가 이 사람더러 가라 하면 가고, 저 사람더러 오라 하면 옵니다. 또 제 종에게 이것을 하라 하면 그대로 합니다."

9 예수님께서 이 말을 들으시고 놀라시며 따라오던 사람들에게 말씀하셨습니다. "내가 너희에게 말한다. 이스라엘에서도 이처럼 큰 믿음을 본 적이 없다."

10 백부장이 보냈던 사람들이 집으로 돌아가보니, 그 종이 나아 있었습니다.

흥미롭게도 「누가복음」에선 백부장이 예수를 찾아온 적이 없다고 나와. 하인의 병을 낫게 해달라고 예수에게 다른 사람을 보내서 부탁했을 뿐이지. 어떻게 보면 무례하다고 할 수도 있는 부탁에 예수는 기꺼이 백부장의 집에 가려고 나섰는데, 백부장은 얼굴도 내밀지 않고 "굳이 오지 않아도 되니까 하인의 병이 나으라고 말씀만 하십시오"라고 말한 거야. 똑같은 사건을 다르게 서술하는 건 성경에서 자주 나오는 오류니까 다시 지적하지 않을게. 하지만 부탁하는 사람 입장에서 보면 백부장의 행동은 무례하기 짝이 없어. 누군가 당신에게 백부장처럼 부탁한다면 기분이 어떨 것 같아? 그게 당신을 신뢰해서라고 받아들일까, 아니면 굉장히 무례한 사람이라고 여길까?

더 흥미로운 건 「마태복음」에 기록된 이방인 구원에 대한 이야기가 「누가복음」에는 아예 없다는 거야. 물론 예수의 모든 언행이 복음서에 똑같이 기록되진 않았지만, 이방인도 구원의 대상이 되어야 한다는 건 굉장히 중요한 가르침이야. 예수가 정말 이방인을 구원하라고 가르쳤다면 누가는 왜 스승의 중요한 가르침을 남기지 않았을까? 그 부분을 해석하려면 또 다른 예수의 말을 살펴봐야 해. 예수는 분명히 이방인도 구원의 대상으로 삼았다고 기독교인이 주장하는 다른 근거가 「마태복음」 28장에 있거든.

19 그러므로 너희는 가서 모든 민족을 제자로 삼아 아버지와 아들과
성령의 이름으로 세례를 주고
20 내가 너희에게 명령한 모든 것을 가르쳐 지키게 하라.

누가는 「사도행전」 1장에 이런 이야기도 남겼지.

8 성령님이 너희에게 오시면 너희가 권능을 받아 예루살렘과 온 유대
와 사마리아와 땅 끝까지 이르러 내 증인이 될 것이다.

이 구절들을 읽어보면 분명히 기독교인의 주장대로 예수가 이방인을 향해 구원의 문을 열어놨다고 볼 수도 있어. 하지만 성경을 연구한 학자들 가운데 상당수는 복음서에 담긴 내용이 원래의 저자가 아닌 후대의 또 다른 누군가가 첨삭했다고 본다는 걸 염두에 둬야 해. 모든 민족에게 세례를 주라는 「마태복음」 28장의 내용도 예수가 죽은 뒤에 첨가됐다는 거야. 그렇지 않다면 예수의 가르침이 앞뒤에서 말이 다른 경우가 여러 차례 발견될 까닭이 없지. 예를 들어 예수는 「마태복음」 10장에서 열두 제자에게 이방인을 전도하지 말라고 가르치거든.

5 예수님께서 열두 제자를 보내시며 이렇게 지시하셨습니다. "이방
사람의 길로 가지 말고, 사마리아 성에도 들어가지 마라.
6 너희는 이스라엘 집의 잃은 양에게로 가거라.

「마태복음」 18장엔 이런 가르침도 있어.

15 어떤 형제가 너에게 잘못한 일이 있거든 단 둘이 만나서 그의 잘
못을 타일러주어라. 그가 말을 들으면 너는 형제 하나를 얻는 셈
이다.
16 그러나 듣지 않거든 한 사람이나 두 사람을 더 데리고 가라. 그리
하여 '두 사람이나 세 사람의 증언을 들어 확정하여라.' 한 말씀대
로 모든 사실을 밝혀라.
17 그래도 그들의 말을 듣지 않거든 교회에 알리고 교회의 말조차 듣
지 않거든 그를 이방인이나 세리처럼 여겨라.

죄를 저지른 자가 끝까지 자기 잘못을 인정하지 않으면 이방인으로 취급하라는 이 가르침을 잘 살펴봐. 예수는 분명히 이방인에게 차별적인 시선이 있었어. 당시 유대인에게 매국노라고 손가락질 받던 세리와 이방인을 나란히 언급하는 것만 봐도 그가 이방인을 어떻게 생각했는지 충분히 짐작할 수 있지. 예수는 이방인을 상종해선 안 될 자들로 규정지었단 말이야. 이방인을 불쌍히 여기고 구원하려 했다는 예수의 발언치고는 뭔가 이상하지 않아?

이방인에 대한 예수의 가르침은 이렇게 성경 구절마다 상반되는 경우가 많아. 흔히 무신론자가 성경의 어떤 내용을 비판하면 기독교인은 성경의 또 다른 곳에 기록된 내용을 인용해서 사실은 그렇지 않다고 대답하는 모습을 봐왔어. 하지만 한쪽에선 검다고

말하고, 다른 쪽에선 희다고 말하는 것이 진리라고 할 수 있을까? 「마태복음」 19장과 「디모데전서」 5장을 비교해볼게.

29 나를 따르려고 제 집이나 형제나 자매나 부모나 자식이나 토지를 버린 사람은 백 배의 상을 받을 것이며, 또 영원한 생명을 얻을 것이다.

8 누구든지 자기 친척 특히 가족을 돌보지 않으면, 그는 벌써 믿음을 저버린 사람이요, 믿지 않는 사람보다 더 나쁜 사람입니다.

가족을 버리면서까지 예수를 따르는 게 옳다는 걸까, 옳지 않다는 걸까? 상황에 따라 취사선택을 해야 하는 것이 성경의 가르침이라면, 난 그것을 진리라고 받아들이기 어렵다고 보거든. 「요한복음」 18장에 보면 일흔 번씩 일곱 번이라도 용서하고, 오른뺨을 맞으면 왼뺨까지 대주라고 가르친 예수가 정작 자신이 손찌검을 당했을 땐 어떻게 행동했는지 알 수 있어.

22 그러자 곁에 섰던 한 경비병이 예수님의 뺨을 치며 대제사장에게 대답하는 태도가 그게 뭐냐? 하였다.
23 예수님은 그에게 내가 말을 잘못했다면 잘못한 증거를 대라. 그렇지 않고 내가 바른 말을 했다면 어째서 네가 나를 치느냐?

자신이 제자들에게 가르친 내용조차 지키지 못한 예수의 모습을 보면서 난 참 안타까웠어. 인간적인 너무나 인간적인 저 메시아의 모습을 보면서 말이야. 난 예수가 모든 민족을 위한 메시아가 아니라 이스라엘을 위한 메시아였다고 생각해. 야훼가 이스라엘의 하나님이었던 것처럼, 예수 역시 이스라엘을 위한 메시아였다는 거지. 기독교인의 주장대로 그것이 이방인 여자의 믿음을 시험하기 위해서 한 말이라면 예수는 어떤 이유로든 거짓말도 할 수 있는 존재라는 이야기가 돼. 그건 더 서글픈 일이잖아. 거짓말하는 신이라니. 그런 예수의 모습을 보며 나의 신앙은 무너지기 시작했어. 예수의 거짓말은 거기서 그치지 않아. 기독교 교리의 뿌리까지 흔들리게 할 수 있는 예수의 거짓말에 대해선 다음에 이야기할게.

Q 하나님의 성품이 사랑이라는 것을 믿지 않는 당신에겐 모든 것이 의심스러울 수밖에 없습니다. 하나님께선 모든 민족을 구원의 대상으로 여기고, 지금 이 시간에도 잃어버린 양 한 마리를 찾아 눈물 흘리며 애통해하십니다.

A 예수가 이방인을 전도의 대상으로 삼았는지는 논란의 여지가 있습니다만, 구약시대에 야훼가 유대인을 위한 신이었다는 건 당신도 인정하실 겁니다. 왜 처음부터 인류에 대한 구

원을 이야기하지 않고 '이스라엘의 하나님' 이라고 중동 지역의 작은 부족신을 자처했을까요? 그리고 이스라엘의 하나님이 자기 아들을 이 땅에 보내서 모든 나라의 신이 되고자 했다면, 신은 업그레이드되는 존재입니까?

구약과 신약을 컴퓨터 OS 프로그램에 비유하는 기독교인도 있습니다. 구약이 어렵고 복잡한 MS-DOS라면, 신약은 사용자 중심의 윈도 운영체제와 같다는 거죠. 야훼는 자신의 아들 예수를 인간 세계에 보내면서 인간을 위해 쉽고 간편한 윈도7을 선물했는데, 구시대의 유물이 된 도스 프로그램을 들먹이면서 신을 비판하는 건 멍청한 짓이라는 겁니다. 하지만 그런 논리대로라면 신은 컴퓨터 프로그램처럼 업그레이드되는 존재라는 말이 됩니다. 인간이야 불완전한 존재니까 시간이 지나면서 배우고 성장한다지만, 기독교의 신께서도 시행착오를 거치며 야훼 1.0에서 예수 3.0으로 업그레이드된다는 걸까요?

태어나자마자 부모에게 버림 받은 아이가 고아원에서 외롭게 자라다가 부모의 얼굴도 모른 채 죽어갔다면 아이가 부모에게 죄지은 것일까요, 그 아이를 버린 부모의 잘못일까요? 야훼가 내팽개친 이방 민족이 야훼를 믿지 않았다는 이유로 영원히 지옥 불에 던져져야 한다면, 그런 신의 성품을 사랑이라고 할 수 있겠습니까?

신의 거짓말
I'll be back~
Coming soon~

거짓말하는 신이라면 그 신을 믿어야 하나, 말아야 하나?

얼마 전, 동유럽의 작은 나라 몰도바공화국에서 세례(침례)를 받던 아기가 질식해서 사망한 사건이 있었어. 세례를 행하던 성직자는 곧 실형에 처해질 거라더군. '신은 왜 죄 없는 아기를 죽였나?' 하는 얘기를 늘어놓으려는 건 아니야. 생후 6개월도 안 된 아기가 사망한 사건을 통해 같이 고민해보자고. 신이란 존재가 있다면 아기의 죽음에 신이 개입했거나, 개입하지 않았거나 둘 중 하나겠지?

1. 아기가 죽은 것과 신은 아무런 연관이 없다.
2. 아기가 죽은 것도 신의 섭리다.

이건 논리의 문제가 아니니까 가슴으로 생각해봤으면 좋겠어. 과연 기독교인이 믿고 의지하는 신의 성품은 둘 중 어느 쪽이야?

신이 아기의 죽음과 아무런 상관이 없다면 운동경기에서 골을

넣었다고 신에게 감사 기도 하는 것도 부질없는 짓이고, 병 걸린 가족이 나은 것도 신에게 감사할 필요가 없고, 부도날 뻔한 회사가 다시 살아난 것도 신에게 감사할 필요가 없어. 신은 인간 세상에 관여하지 않으니까 당신이 골을 넣은 것도, 병이 나은 것도, 회사가 부도나지 않은 것도 신과는 상관없는 일이 되거든.

아기가 죽은 게 신이 개입한 일이라면 인간의 머리로는 아기의 죽음에 담긴 신의 계획을 이해할 수 없겠지. 다윗의 경우처럼 부모의 죄 때문에 신이 아기를 죽였을 수도 있고, 아기에게 세례를 행한 성직자의 죄악 때문에 아기가 죽었을 수도 있어. 하여간 인간은 신이 왜 죄 없는 아기를 죽였는지 알 수 없어. 이게 종교인의 마음가짐이지.

많은 종교인이 2번을 선택할 거야. 인간 세상을 방관하는 신을 믿고 싶진 않을 테니까. 그래서 이슬람교도는 '인시 알라', 즉 '모든 것은 알라의 뜻대로' 라고 신앙고백 하는 거지. 사랑의 하나님이 왜 세례 받던 아기를 죽음에 이르게 했는지 이해할 수 없으면서도 종교인이 신앙을 유지할 수 있는 이유는 오직 하나, 신을 신뢰하기 때문이야. 우리는 벌레 같은 인간이라 신의 뜻을 알 수 없지만, 분명 신에겐 인간이 헤아릴 수 없는 아름다운(?) 계획이 있을 거라고 절대적으로 신뢰하는 거지.

나 역시 어린 시절 기독교인으로 살아갈 땐 신의 섭리를 신뢰했어. 내 머리로는 이해할 수 없는 일이라 해도 신은 우주를 창조하기 전부터 내 삶에 계획하신 게 있으리라고 기대했단 말이지. 목사들이 그렇게 가르치니까. 그렇다면 신이 지금 나에게 일대일

화상 채팅 하며 신뢰를 심어주진 못해도 신의 말씀을 기록한 성경의 내용만큼은 신과 동일한 신뢰성을 보여줘야 해. 성경에서 신이 약속한 것은 반드시 지켜져야 한다는 말이지. 벌레만도 못한 인간 사이에서도 약속을 깨면 신뢰가 깨지는데, 신이 약속을 저버리면 안 되잖아. 그런데 신이 인간에게 거짓말을 한다면 어떨까? 난 예수의 부활을 이성으로 비판하고 싶지 않아. 이번에 비판하려는 건 예수가 제자들에게 약속한 내용이야. 「마태복음」 16장을 보자고.

27 내가 천사들과 함께 아버지의 영광으로 올 것이다. 그때 내가 각 사람이 행한 대로 갚아 주겠다.
28 내가 분명히 말하지만 여기 서 있는 사람들 가운데 어떤 사람들은 죽기 전에 내가 하늘나라의 왕으로 오는 것을 보게 될 것이다.

위 구절은 예수가 십자가에 달리기 전에 제자들을 모아놓고 한 약속이야. 자신이 십자가에 못 박혀 죽은 뒤 사흘 만에 부활했다가 심판의 날에 천사들과 함께 이 땅에 내려올 것이라고 약속한 내용이지. 28절을 보면 알겠지만 예수는 그 심판의 날이 길어야 수십 년을 넘지 않을 거라고 약속했어. 그러니까 제자들 중에 몇 명은 죽기 전에 심판의 날 천사들과 함께 재림한 예수를 볼 거라는 얘기지. 이 내용은 「마가복음」과 「누가복음」에도 기록되었어. 그런데 결과는? 제자 중 누구도 재림한 예수를 본 사람이 없는 건 물론이고, 예수의 죽음 이후 2000년이 다 되어가도록 지저스

크라이스트 슈퍼스타는 이 땅에 오지 않았어.

나는 신호를 위반한 적도 있고, 거짓말을 해본 적도 있으며, 심지어 술 먹고 길바닥에 누워본 적도 있는 평범한(?) 사람이야. 나야 완벽할 수 없는 인간이니까 그럴 수 있다 쳐도 신이라면 언행에 조금도 거짓이 없어야 한다고 생각해. 하지만 내가 믿던 신은 자신이 한 말을 지키지 않는, 거짓말하는 신이었어. 그것도 그냥 약속이 아니라 '분명히' 오겠다고 한 약속을 깨뜨렸지.

다른 번역 버전의 성경에선 '진정으로' '진실로' 'I tell you the truth' 라고 표현되었어. "성경을 말씀 그대로 해석하면 안 된다. 저건 하나의 비유다"라고 말할 기독교인도 있겠지. 하지만 이 구절은 사람들을 납득시킬 수 있는 해석이 없기 때문에 목사들 사이에서도 골칫거리인 부분이야.

지금도 세계 곳곳엔 시한부 종말론을 믿는 교파들이 있어. 주류 교단에서는 이들을 이단이라고 하지. 그들은 예수가 재림할 날짜를 지정하고, 그날 인류에 심판이 내릴 거라고 철석같이 믿어. 과거에도 종말론자들이 예수가 재림할 날이라고 지목한 날짜가 수차례 있었지만, 보다시피 지구는 여전히 아무 탈 없이 태양 주위를 돌고 있어. 그리고 예수가 죽은 뒤 2000년 동안 인류는 하늘에서 내려온다는 날개 달린 천사를 목격하지 못했지.

초대교회 사람들은 예수의 부활 이후 개인의 재산을 바치고 공동체 생활을 했어. 자기 땅 판 돈을 다 바치겠다고 해놓고 일부만 내놓은 아나니아와 삽비라 부부는 그 자리에서 죽음을 당했지. 물론 이건 돈을 바치지 않아서가 아니라 신에게 한 약속을 지키지 않아서 죽였다는 해석이 맞을 거야. 신은 인간이 자신에게 약속한 것을 죽음을 통해서라도 받아내는 분이거든. 그런데 자신이 인간에게 한 약속은 왜 지키지 않는 거지?

초대교회 사람들이 세기말적인 공동체 생활을 할 수 있었던 건 예수가 곧(!) 오리라는 믿음 때문이야. 예수가 제자들이 살아 있는 동안 이 땅에 올 거라고 약속하지 않았다면 그들이 자기 재산을 다 팔아서 공동체 생활을 할 수 있었을까? 초대 교인들은 물론이고 예수의 제자들조차 예수의 말만 철석같이 믿고 조만간, 길어봤자 수십 년 안에 심판의 날이 올 거라고 확신했단 말이야.

사도 바울에 대해 설명할 때도 잠깐 언급했지만, 왜 초대교회 시절에 상당 기간 동안 예수의 가르침이 문서화된 성경으로 기록되지 않았는지 알아? 예수의 제자들조차 어차피 곧 재림이 있을 건데 기록 따위를 남길 필요성을 느끼지 못한 거야(이건 내 말이 아니라 신학자들의 해석이야). 그러다가 예수에게 직접 가르침을 받은 적도 없는 바울이 사도를 자처하면서 등장하고, 여기저기 편지를 보내 '이것이 예수가 준 가르침' 이라고 설교하니까 예수의 수제자들은 뒤늦게 복음서를 쓰기 시작했다고. 하지만 예수는 제자들이 다 죽을 때까지 오지 않았어. 그리고 아주 오랫동안, 2000년이 흐른 지금도 예수는 오지 않고 있어.

주류 교단에 속한 기독교인은 가끔 뉴스에 나오는 시한부 종말론자들을 이단으로 규정짓고 경멸하지? 그런데 예수의 수제자들이 이끌던 초대 교인들도 현대의 시한부 종말론자들과 똑같이 자기 재산을 다 바치고 공동체 생활을 했다는 건 어떻게 받아들여야 할까? 당시 유대인도 당신들이 이단을 바라보는 것과 똑같은 시선으로 초대 교인들을 경멸했어.

자기가 한 약속을 깨고 오지 않는 예수를 믿던 초대 교인들의 신앙이 2000년이 흐른 지금의 기독교야. 금방 돌아오겠다는 예수의 말만 믿고 재산을 다 팔아 바치며 공동체 생활을 한 초대 교인들과 1992년 우리나라를 떠들썩하게 한 다미선교회의 시한부 종말 사건이 뭐가 다른지 난 잘 모르겠어. 그 이단(?)들이 시한부 종말론을 신봉하는 모습과 약속을 깨고 2000년 동안 오지 않는 예수의 재림을 기다리는 주류 기독교인의 신앙은 뭐가 다른지 한 번 생각해보라고.

저녁 7시에 만나기로 한 짝사랑의 여인이 전화나 문자 메시지 한 통 없이 자정이 지나도록 오지 않는다면 그 이유는 하나뿐이야. 당신이 버림 받았다는 것. 금방 오겠다고 약속해놓고 2000년이 지나도록 오지 않는 신을 기다린다면 신에게 버림 받았거나, 신은 존재한 적이 없다는 의미로 받아들이는 게 맞지 않을까?

Q 잘못 아시는군요. 「마태복음」 16장에 언급된 내용은 예수의 재림이 아니라 십자가의 부활을 의미하는 것입니다.

A 「마태복음」 16장 27절에서 예수는 자신이 천사들과 함께 와서 사람들을 심판할 거라고 말했습니다. 그런데 예수가 십자가에서 죽고 사흘 만에 부활한 뒤 사람들을 심판했나요? 기독교인에게 예수의 재림은 인류 최후의 심판의 날입니다. 하지만 성경 기록상 예수가 부활한 뒤엔 그런 심판이 일어나지 않았습니다. 그러니까 다시 오겠다던 예수의 약속이 십자가에서 죽은 뒤 부활한 걸 의미한다고 해석하는 건 억지라고 말할 수밖에 없군요.

Q 예수의 제자 가운데 죽기 전에 예수의 재림을 본 자가 분명히 있습니다. 사도 요한은 예수의 재림을 환상으로 보고 그것을 「요한계시록」에 기록했습니다. 그러니 제자 중에 예수께서 하늘나라의 왕으로 다시 올 것을 볼 자가 있다는 말씀은 거짓이 아닙니다.

A 죽기 전에 자신이 왕으로 올 것이란 예언이 꿈이나 환상으로 성취됐다고요? 그럼 제가 무당한테서 '조만간 넌 복권에 당첨될 것이다'란 점괘를 받았다가 어느 날 복권에 당첨되는 꿈을 꾸면 그 무당은 영험한 무당인가요? 요한이 본 환상을 재림 예수를 목격한 것이라고 말하는 건 너무 억지스럽습니다.

예를 들어 A가 B, C, D에게 말합니다.

"난 너희 중에 누군가가 살아 있을 때 반드시 로또에 당첨될 거야."

몇십 년 뒤 B가 꿈속에서 A가 복권에 당첨되는 모습을 보면 예언이 성립되는 걸까요?

"내가 오는 것을 볼 자가 있다"고 예수가 말한 것은 미래의 어느 시점, 그가 직접 오는 모습을 봤을 때 성립하는 겁니다. 그가 오는 환상을 봤다고 해서 그가 온 것을 본 건 아니라는 얘기죠.

"요한이 본 건 꿈이 아니라 신이 준 신령한 계시"라고 말할 수도 있을 겁니다. 물론 그게 꿈인지 계시인지는 제가 증명할 수 없죠.

그럼 이런 반론은 어떨까요? 예수는 자신이 재림할 것을 볼 '자들'이 있을 거라고 예언했습니다. 어디까지나 복수형이란 말입니다. 영어 성경에는 'They see the Son of Man coming in his kingdom'이라고 나오죠. 그러니까 저 예언이 실현되려면 요한뿐만 아니라 적어도 두 사람 이상의 제자들이 그 광경을 목격했어야 합니다. 이견이 있긴 해도 「요한계시록」은 신약성경 중에서 제일 마지막에 기록됐다는 게 신학자들의 보편적인 인식입니다. 베드로나 바울 같은 사도가 순교하고도 30년 가까이 지난 뒤 기록됐다고 알려져 있죠. 예수는 '제자들'이 볼 것이라고 예언했는데, 정작 꿈으로라도 본 건 요한뿐이라는 건 무슨 의미일까요? 결국 예수는 약속을 깨뜨렸거나 거짓말한 것 아니겠습니까?

Q 예수께서 하늘나라의 왕으로 올 것이라는 예언은 재림이 아니라 '변화산 사건'을 가리킨 것입니다.

A 잠시 기독교인이 말하는 변화산Mt. Tabor 사건이 뭔지 설명해야겠군요.

예수는 자신이 하늘나라의 왕으로 올 것을 제자들이 볼 것이라고 예언한 며칠 뒤에 베드로와 야고보, 요한을 데리고 변화산에 올라갑니다. 거기서 죽은 지 수천 년이 지난 모세와 엘리야를 만나죠. 그때 예수의 몸에서 광채가 나고 변했다고 해서 기독교인이 그곳을 '변화산'이라고 부릅니다. 이 내용이 「마태복음」 17장에 나오죠.

예수가 모세와 엘리야를 만난 변화산 사건이 「마태복음」 16장에서 '하늘나라의 왕으로 올 것'이란 예언의 성취라고 해석하는 게 당신의 입장입니다. 그런데 제가 볼 땐 그런 해석도 억지스럽기만 합니다. 「마태복음」 16장 27절에서 예수는 제자들에게 "내가 천사들과 함께 아버지의 영광으로 올 것이다"라고 말합니다. 번역본에 따라 예수의 대사가 조금씩 다르지만, 공통적으로 예수는 자신이 '올 것'이라고 이야기하죠. 영문 성경도 'coming in his kingdom'이라고 말합니다.

그런데 변화산 사건은 제자들 앞에서 예수가 옷에 광채가 나며 모세와 엘리야를 만났을 뿐입니다. '천사들과 함께 아버지의 영광으로 오는 것'과 '모세와 엘리야를 만난 것'이 동일한 사건을 서술한 내용일까요? 변화산 사건이 예수가 자신의 왕국에서 '온 것' 입니까? 아니죠. 오히려 산으로 '올라가서' 모세와 엘리야를 만나지 않았습니까?

Q 당신은 정말 성경을 모르는 사람이군요. 「마태복음」 16장 27, 28절은 연결해서 읽으면 안 됩니다. "인자가 아버지의 영광으로 그 천사들과 함께 오리니 그 때에 각 사람이 행한 대로 갚으리라"는 말씀으로 한 단락의 이야기가 끝난 것이고, "진실로 너희에게 이르노니 여기 서 있는 사람 중에 죽기 전에 인자가 그 왕권을 가지고 오는 것을 볼 자들도 있느니라"는 17장의 변화산 사건과 이어지는 내용으로 구분해서 해석해야 합니다. 똑같은 내용이 「마가복음」에선 8장 38절과 9장 1절에 나뉘어 있는 것을 보면 알 수 있죠.

A 이런 주장을 할 정도면 성경을 전문적으로 공부한 분일 겁니다. 「마태복음」 16장에서 언급된 예수의 예언은 워낙 많은 논쟁을 일으켰기 때문에 수천 년 기독교 역사에서 머리를 맞대고 도출해낸 가장 그럴듯한 해석이 27절과 28절을 따로 생각해야 한다는 대답이거든요. 말씀하신 것처럼 예수의 재림에 대한 약속은 다른 복음서에도 기록되었고, 「마가복음」에선 「마태복음」 16장 28절의 내용이 다음 장으로 넘어가서 변화산 사건과 함께 기록되었죠.

그런데 제 대답은 동일합니다. 예수가 모세와 엘리야를 만난 사건이 '인자가 그 왕권을 가지고 오는 것' 과 일치하는 사건이라고 해석될 까닭이 있느냐는 것입니다. 변화산 사건을 체험한 제자들조차 그 사건이 예수의 예언이 이뤄진 거라고 받아들이지 않았다는 것만 봐도 알 수 있지 않습니까? 앞에서 설명했듯이 예수의 부활 이후 사도가 이끌던 초대교회는 현대의 시한부 종말론자들과 같이 개인의 재산을 다 바치고 공동체 생활을 했습니다. 그들이 세기말적인 공동체 생활을 할 수 있었던 이유는 예수가 곧(!) 오리라는 믿음 때문입니다. 예수의 제자들조차 변화산 사건을 예언의 성취라고 받아들이지 않았는데, 왜 현대의 기독교인은 예수의 예언이 변화산 사건을 통해 이뤄진 거라고 끼워 맞추는 건가요?

신념 그리고 생각의 관성
Fake!
Real thing!

신앙과 과학이 서로 다를 때 어느 쪽을 받아들이는가?

「신의 거짓말」에서 잠깐 언급했지만 시한부 종말론이라고 하면 1992년에 일어난 다미선교회 사건을 기억하는 사람들이 많을 거야. 40대 안팎이라면 대부분 기억할 정도로 꽤 큰 화제였지. 당시 나는 교회에 열심히 출석하면서도 종교에 대한 회의가 끊이지 않았어. 그런데 어느 날부터 TV 뉴스에서 다미선교회라는 종말론자들의 교회가 화제가 되더라고.

다미선교회에선 1992년 10월 28일, 예수가 재림해 세상에 종말이 올 거라고 주장했어. 거기 속한 신도는 종말의 날에 맞춰서 재산을 팔아 공동체 생활을 하기도 했지. 종말의 날이 오면 예수가 재림할 것이며 그것을 믿지 않는 자들은 구원 받지 못한다는 비이성적인 이야기지만, 의외로 꽤 많은 사람들이 그 교회에 모인 것으로 기억해. 예언된 종말의 날이 다가오면서 그 교회 신도는 직장과 학교, 가정을 버리고 교회로 모여들었지.

다른 나라에서까지 뉴스로 다뤄질 정도로 화제가 되어 그들이 예언한 종말의 날에는 기독교인이 아닌 사람들도 꽤 관심을 가지고 뉴스를 지켜봤어. 예수의 재림을 생방송으로 볼 수 있을지도 모른다는 기대(?)를 품고 말이지. 자정이 가까워질수록 교회 안에선 끊이지 않는 통성기도와 부르짖음에 가까운 찬송 소리가 새어나왔어. 교회에서 신의 재림을 간구하던 다미선교회 신도와 그것을 지켜보는 구경꾼 사이엔 기묘한 동질감마저 생겨났지. 모두 그 종말의 현장을 보고 싶어했고, 나 역시 그랬거든.

마침내 종말의 시간이 됐을 때 모두 예수 재림의 시간을 확인하며 숨 죽여 시계를 들여다봤지. 구경꾼에겐 평소와 다를 것 없는 몇 분이었지만, 교회 안에서 신의 재림을 부르짖어 간구하던 신도에겐 너무나 길고도 짧은 시간이었을 거야. 물론 예수의 재림은 없었어. 세상은 끝나지 않았고, 지구의 50억 년 역사에서 이전과 전혀 다를 것 없는 하루가 지나갔을 뿐이지.

그날의 일은 20년 가까이 지난 지금도 나에게 뚜렷이 남아 있어. 세상이 멸망한다는 광기 어린 협박에 수많은 사람들이 속아 넘어갔다는 사실이 놀라워서가 아니야. 신앙이란 언제나 비이성적이고 무모한 것이니까. 내가 그때 일을 지금까지 씁쓸하게 기억하는 건 '종말의 날'이 지난 후 다미선교회 신도의 반응 때문이야. 교주가 신도의 재산 수십억 원을 가로챈 혐의로 징역형을 선고 받았는데도 그들은 신앙을 포기하지 않았어. 종말의 계시를 지키지 않은 신을 원망하는 일도 없었지. 그들은 다가올 또 다른 종말의 날을 기대하고 있었어. 내가 놀란 것은 너무나 확고한 그들의 믿음이야. 누가 봐도 믿음이 깨질 수밖에 없는 순간에도 그들은 자신의 믿음을 저버리지 않았지.

이와 비슷한 일이 오래전 미국에서도 있었고, 페스팅거라는 심리학자가 그 사건을 토대로 '인지부조화' 라는 이론을 내놓았다는 건 훗날 알았어. 하지만 이런 현상에 대해 굳이 심리학자가 실험한 내용을 들먹이며 현학적으로 이야기하고 싶진 않아. 난 책이 아니라 눈앞에서 그 광기의 현장을 목격했고, 그것은 두고두고 기억될 인상적인 경험이었으니까.

신념은 어디에서 오는 것일까? 당시만 해도 열정적인 신앙인이던 나의 믿음은 어디에서 비롯되었을까? 종말론자를 바라보고 혀를 차며 광신도로 치부해 비웃던 내 신앙은 과연 옳았을까?

최근 일본에서는 우리나라 막걸리가 인기래. 2008년 일본인에게 지금까지 먹어본 막걸리 중에서 가장 기억에 남는 브랜드가 무엇이냐고 설문 조사를 했지. 그 결과 일본인에게 가장 기억에 남는 막걸리 브랜드 2위에 뽑힌 것이 '진로 막걸리' 였어. 재미있는 건 설문 조사 당시 진로라는 회사는 막걸리를 생산한 적이 없다는 사실이지.

진로는 막걸리 열풍이 불기 전부터 일본에서 소주 브랜드로 알려진 회사야. 덕분에 일본인에게는 '한국 술=진로' 라는 인식이 각인되었고, 그런 인식을 바탕으로 일본인은 실제로 존재하지도 않는 막걸리를 가장 기억에 남는 막걸리라고 뽑은 거지. 설문 조사 결과를 받아든 진로는 부랴부랴 국내 막걸리 제조업체에서 납품 받은 막걸리에 진로 브랜드를 달아 일본에 수출하기 시작했고, 어렵지 않게 일본 막걸리 시장을 석권했어. 존재하지도 않던 허상이 실상이 된 순간이지. 이것이 생각의 관성이야. 한번 받아들인 생각은 멈추지 않고 계속 앞으로 나간다는 것. 그것이 허상이라는 생각도 하지 못한 채 나아갈 뿐이지.

이탈리아 토리노에는 기독교인이 가장 거룩한 성물로 여기는 '토리노 수의壽衣'가 있어. 그건 예수가 십자가에 못 박혀 죽은 뒤 시신을 감싼 아마포라고 믿기는 유물이야. 기독교인은 토리노 수의에 희미하게 나타난 남자 얼굴의 형상을 예수의 모습이라고 믿지. 하지만 로마 교황청의 의뢰를 받아 토리노 수의를 분석한 과학자들의 발표에 따르면, 그것이 제작된 연대는 서기 1260~1390년이야. 탄소 연대 측정법을 통해 밝혀진 이 사실은 과학적 연구를 토대로 한 부인할 수 없는 사실이지.

예수가 활동한 시기와 거의 일치하는 서기 1세기 전후의 수의가 이스라엘에서 발굴된 적이 있는데, 그것은 토리노 수의와 전혀 다른 방법으로 만들어졌어. 토리노 수의는 세 올에 한 올씩 엮어서 S자나 Z자 형태로 제작됐지만, 이스라엘에서 발굴된 수의는 한 올에 한 올씩 엮어서 만든 평범한 방식이야.

수의에 드러난 예수의 얼굴은 시신을 감쌌을 때 나타날 수 있는 형태가 아니란 것도 밝혀졌어. 사람의 얼굴은 평면이 아니기 때문에 그것이 진짜 예수의 시신을 덮었던 수의라면 평평하게 펼쳤을 때 토리노 수의에서 보이는 사람의 얼굴보다 훨씬 펑퍼짐한 형태가 되어야 하거든.

이렇듯 과학적인 검증을 통해 토리노 수의는 가짜라는 사실이 드러났어. 성경의 가르침에 따르면 믿음은 보이지 않는 것들의 실상이라지만, 대다수 평범한 사람들에겐 눈으로 볼 수 있고 손으로 만질 수 있는 현실 속의 무엇인가가 필요했을 거야. 그런 필요에 의해 예수의 유물은 끊임없이 주문 제작되었지.

물론 그런 주문을 한 곳은 교회야. 중세에는 대형 교회마다 성유물이 없는 곳이 드물었다고 해. 예수의 손에 박았던 못이나 가시면류관도 흔히(?) 볼 수 있었고, 예수의 수의는 프랑스에 있는 것만 40벌이 넘었다는군. 그런 역사를 통해 지금까지 남아 있는 것들 중 가장 유명한 성유물이 토리노의 수의야.

기독교의 목사는 자신이 맡은 교회의 운영에 전권을 휘두르며 외부의 간섭을 거의 받지 않아. 하지만 전 세계 모든 가톨릭 성당은 교황청의 지침을 따르지. 토리노 수의를 전시하는 토리노대성당 역시 마찬가지야. 수의가 가짜란 것이 과학적으로 드러났는데도 토리노대성당이 계속 가짜 수의를 전시할 수 있는 건 교황청이 묵인하기 때문이지. 바티칸의 공식적인 입장은 '그것이 진짜인지 가짜인지 알 수 없다'야. 그런 입장 속에 담긴 의뭉스러운 의도가 참 씁쓸하지만, 적어도 수의를 진짜라고 들이밀지 않는 것은 양심적이라고 해야 할까.

토리노대성당을 방문하는 기독교인은 여전히 토리노 수의가 예수의 시신을 덮었던 고귀한 성물이라고 여기고 있어. 수의가 가짜라는 과학적 사실을 알려준다 해도 그들은 결코 자신의 신념을 꺾지 않지. 토리노대성당은 이 수의를 전시해 전 세계의 관광객을 모으고, 자동차 산업이 붕괴된 후 침체되던 토리노 시는 몰려드는 관광객을 통해 엄청난 수익을 거두는 게 현실이야.

워낙 많은 사람들이 찾아오는 탓에 3, 4시간씩 줄을 서야 겨우 2, 3분 알현할 수 있는 토리노 수의. 그 앞에서 감동하고 눈물 흘리는 기독교인에게 수의의 진품 여부는 중요한 게 아닐지도 몰라. 그들에겐 자신의 신앙을 밑받침할 수 있는 증거가 필요한 거야. 설사 그 증거가 가짜라고 해도 말이지. 신의 존재를 직접 확인할 수 있기를 바라는 간절함이 빚어낸 슬픈 사기극. 그것이 토리노 수의에 대한 가장 정확한 해석이 아닐까.

신앙과 믿음에 과학이 낄 자리가 없는 것은 분명해. 베르나르 베르베르의 소설 『타나토노트』는 사후 세계를 탐험할 수 있는 기술이 개발된 미래의 세상을 그리고 있지만, 과학으로는 신의 존재 여부를 밝힐 수 없으니까 말이지. 그러나 믿고 싶으니까 믿겠다는 사람들의 '생각의 관성'은 한번쯤 돌아볼 필요가 있지 않을까?

믿음은 바라는 것들의 실상이라는 성경의 가르침은 2000년이 흐른 지금까지 토리노 수의를 의심 없이 예수의 증거로 받아들이게 만드는 원동력을 제공해. 그러나 머릿속에서 울린 환청을 신의 계시로 받아들이고 세상의 종말이 임박했다고 믿는 종말론자, 중세 교회가 무지한 교인을 속이기 위해 만든 가짜 수의를 진짜로 믿는 기독교인, 있지도 않은 막걸리를 마셔본 일본인… 난 그들의 다른 점을 모르겠어.

인간의 신념은 어디에서 오는 것일까? 수천 년을 이어온 종교라는 신념의 관성은 어디까지 이어질까? 난 이 책을 통해서 해답을 말하려는 게 아니야. 질문을 던질 뿐이지.

이런 질문을 하는 것조차 신념에 대한 비난으로 받아들이는 사람들이 있겠지만, 이런 질문들로 잠 못 이루며 자신의 신념과 신앙을 돌아보는 사람들도 있을 거라 생각해. 내가 신념의 관성을 멈추기 위해 몸부림친 것처럼 지금도 누군가는 몸부림치리란 걸 알기 때문이야.

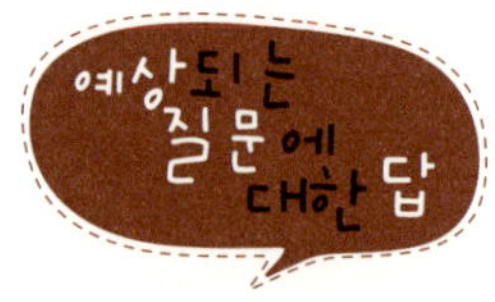

Q 세상의 지식으로 종교와 신앙을 판단하는 것은 어리석은 일입니다. 종교는 인간의 지혜로 판단할 수 없는 영역의 것입니다.

A 독가스 테러를 저지른 일본의 옴진리교 신도 역시 자신들의 신앙에 대한 확고한 믿음이 있었을 겁니다. 하지만 우리가 그들의 신앙을 비판할 수 있는 근거는 사회적으로 합의된 윤리와 인간의 이성입니다. 신앙이 이성을 배제하고 믿어야 하는 것이라면 지금 우리나라에만 수십 명이 있다는 재림 예수를 믿지 않을 이유도 없지 않을까요?

하나님,
이제 인간을
놓아주세요

신의 이름으로 신분을 나누는 힌두교의 카스트를 어떻게 받아들이는가?

사실 난 무신론자 중에서도 인류가 종교에서 자유로워지길 기대하는 적극적인 무신론자야. 많은 무신론자가 인류에게 종교는 유효기간이 끝난 것이라고 여기지만, 실제 예측은 그렇지 않아. 토플러협회 소속 미래학자들은 「40년 후의 40가지 예측」이라는 리포트에서 종교 단체들이 주도하는 세력이 정부에 진출하는 사례가 지금보다 늘어날 것으로 전망했어. 종교인의 숫자가 늘어나는 게 아니라 종교 단체들이 정부에 진출하는 사례가 늘어날 거라는 얘기야. 이것이 의미하는 바를 생각하면 난 아주 섬뜩해. 그런 미래를 막기 위해서라도 나는 신에게서 자유로운 사람들이 많아졌으면 좋겠어.

난 종교가 사라진다고 해서 전쟁이 사라진다거나 지구상의 모든 분쟁이 종식될 거라고 기대하지 않아. 인간들은 여전히 다투고, 서로 죽이고, 차별하고, 억압하겠지. 하지만 적어도 지금보다는 훨씬 나은 세상일 거라고 생각해. 수많은 차별과 폭력 중에서 종교라는 이름으로 행해지는 것들은 사라질 테니까.

신부가 처녀가 아니면 신의 이름으로 살해하는 것이 당연하다고 가르치는 종교가 없어지면 억울하게 살해되는 여자들은 없을 테니까. 비천한 신분으로 태어난 건 전생에 저지른 죄 때문이라고 가르치는 종교가 없어지면 카스트에 억눌린 힌두교인도 자유와 평등의 가치를 깨닫겠지. 동성애를 죄악이라고 가르치는 종교가 없어지면 자신의 성적 정체성 때문에 죄책감에 억눌리는 아이들도 줄어들 테고 말이야.

종교가 없어진다면 사람들이 모두 강도, 살인자, 강간범이 돼서 미쳐 날뛰는 윤리와 도덕이 무너진 세상이 될 거라고 걱정하는 종교인도 있어. 그런데 종교와 범죄율은 아무런 상관관계가 없다는 게 통계학적으로 밝혀졌어. 주변에 흔한 간통 목사, 사기꾼 장로를 봐도 알겠지만 신앙과 개인의 도덕성은 그다지 일치하지 않는단 말이야.

종교가 인간에게 도덕심을 심어줬다고 착각하면 안 돼. 오래전 인류가 사회를 구성하면서부터 타인에게 피해를 주는 행위는 철저하게 무리에서 배척 당하도록 학습되었어. 심지어 동물도 자신의 이익을 희생하며 이타적인 행위를 하는 경우가 관찰된다고. 난 종교의 순기능과 역기능을 플러스, 마이너스 대차대조표로 작성하면 마이너스 쪽으로 한참 기운다고 생각하는 사람이야. 이건 나만의 생각이 아니었는지 1979년 노벨상을 수상한 물리학자 와인버그 박사는 20세기의 마지막 해에 워싱턴에서 다음과 같은 연설을 했어.

종교는 인간의 존엄성에 대한 모독이다.

종교가 있든 없든 악인은 여전히 악을 행하며, 선한 사람은 여전히 선을 행한다.

그러나 선한 사람이 악한 일을 하려면 종교가 필요하다.

그러니까 종교가 없어진 이후를 걱정하지 않아도 돼. 영화에서 그려지는 세기말의 무법천지가 펼쳐질 일은 없다고.

고대인은 태양을 신으로 숭상했어. 지평선의 동과 서를 가로질러 세상을 밝히는 불덩어리는 고대인에게 경외의 대상이자, 자신들의 지식으로는 이해할 수 없는 신비한 존재였으니까. 하지만 현대를 살아가는 우리는 태양이 수소의 핵융합으로 에너지를 방출하는 거대한 항성이고, 지구는 그 주변을 도는 행성이라는 것을 알아.

인류가 태양을 신으로 섬기던 고대에 만들어진 수많은 신들 가운데 이스라엘의 하나님이 있어. 거대한 코끼리들이 지구를 떠받치고 있다는 신화를 믿거나, 전생의 선행과 악행에 따라 인간이나 짐승으로 태어난다는 윤회설을 믿는 종교인을 보며 혀를 차는 기독교인이 있다면 자신들의 교리는 얼마나 이성적이며 합리적인지 돌아볼 필요가 있지 않을까?

신이 없다면 이 우주가 어떻게 만들어졌을까, 그 해답을 종교로만 얻을 수 있다고 생각한다면 착각이지. 우리가 지금 해답을 얻을 수 없다고 해서 그러니까 우주는 신이 만든 거라는 논리는 이성적인 사람이 도출해낼 수 있는 결론이 아니야.

인간이 이해할 수 없는 상황에 닥쳤을 때 거기에 의문을 품고 원인을 밝히려는 사람과 '이건 신이 행하신 기적이다!'라고 받아들이는 사람, 과연 어느 쪽이 인류가 발전하는 데 도움이 되었을까? 믿지 않겠지만 기적에 대해서라면 나도 할 말이 많은 사람이야. 내가 기독교를 비판하는 책을 쓰다 보니까 지식과 이성만으로 종교를 비판한다고 생각할 사람들도 있겠지만, 나도 교회에서 말하는 은사라는 걸 경험해본 사람이고 영적인(?) 체험이라고 불리는 현상을 겪어본 사람이라고.

하지만 난 인간이 얼마나 쉽게 착각을 일으키는 존재인지도 알아. 착시를 일으키는 사진 몇 장만 보여줘도 인간의 감각이 얼마나 쉽게 속아 넘어가는지 알 수 있지. 난 신이 존재하지 않는다고 증명할 수도 없고, 그런 일이 가능하다고 욕심부릴 생각도 없어. 하지만 기독교인이 말하는 기적과 은사가 얼마나 허황된 것인지는 증명할 수 있다고 생각해.

성경에 기록된 여러 가지 은사 중에 방언의 은사라는 게 있지? 기독교식으로 해석하면 방언은 사람 안에 임재하신 성령님께서 그 사람 대신 야훼에게 기도하는 것을 말하는 거야. 그래서 방언으로 기도하는 사람은 스스로 무슨 말을 하는지 알 수가 없지. 그런 사람들을 위해 방언을 통역하는 은사가 따로 있다고 할 정도니까 말이야.

실제로 난 방언의 은사를 받았고, 그 사실을 아주 유명한 목회자에게 인정까지 받았어. 그래서 한 가지 실험(?)을 했지. 내가 방언 기도한 것을 녹음해서 방언 통역의 은사가 있다고 알려진

두 사람에게 들려줬어. 결과는? 충분히 예상한 일이지만, 두 사람이 내 방언 기도를 다른 내용으로 통역하더군.

지금 난 내가 한 방언이 정신적으로 들뜬 상태에서 내뱉은 주문 같은 거라고 생각해. 방언 통역의 은사를 받았다는 두 사람은 모두 내가 한 방언이 진짜라고 하더라. 그런데도 내 방언 기도를 각각 다르게 해석하는 걸 보면서 이런 결론을 내렸지. 저들이나 나나 모두 환각이나 환청을 듣고 신의 음성이라고 착각했다는 것. 아니면 최소한 한 명은 거짓 은사에 사로잡혀서 신의 음성과 자기최면을 구별하지 못하고 평생 살았으리라는 것. 그렇기 때문에 종교인이 말하는 영적 체험이란 건 어리석은 믿음의 척도일 수도 있지.

머리말에서도 밝혔듯이 나는 기독교에만 비판적인 사람이 아니야. 난 무신론자고, 이슬람교든 힌두교든 불교든 죽음 이후의 삶을 위해 현재의 삶을 희생하고 참아야 한다고 가르치는 모든 종교에 반대해. 이런 이야기를 하면 종교의 부정적인 면만 보지 말고 긍정적인 면도 평가해야 하지 않느냐며 반론하는 사람도 있을 거야. 예를 들어 종교 단체가 사회적 약자를 위해 많은 노력을 기울이는 건 부인할 수 없는 사실이니까.

하지만 기독교인이라면 자문해봐. 우리나라에서 교회가 운영하는 자선단체 가운데 사회봉사를 전도의 전략으로 활용하지 않는 곳이 몇 퍼센트나 될까? 고아원이나 무의탁 노인을 돌보는 시설이나 전도와 상관없이 운영되는 곳이 얼마나 되겠느냔 말이야. '우리는 전도가 목적이 아니라 인간의 영혼을 사랑하는 순수한 마음으로 봉사하는 것이다!'라고 주장하는 기독교인도 있을 거야. 나 역시 순수한 자기희생을 실천하는 기독교인이 전혀 없다고 생각진 않아. 하지만 교회가 운영하는 단체들이 대부분 '사회봉사=가장 효과적인 전도'라고 생각한다는 건 부인할 수 없는 현실이잖아.

봉사도 일정 부분 자기만족을 포함하게 마련이야. 봉사를 통해 자신이 얻는 것이 있기 때문에 기꺼이 희생할 수 있는 거지. 하지만 내가 봐온 많은 기독교인은 봉사와 구제 활동을 순수한 자기만족이 아니라 천국에서 더 많은 축복을 받기 위한 청약 저축쯤으로 여겼지.

천국에선 모든 사람들이 평등하게 살 것 같지? 그건 오해야. 예수는 성경 곳곳에서 하늘나라의 상급에 대해 이야기하고 있어. 수영장 딸린 호화 주택에 사는 사람이 있는 반면, 손바닥만 한 영구 임대 아파트에 사는 사람도 있단 말이야. 구원 받았다고 해서 천국의 삶이 평등한 건 아니란 얘기지. 그러니까 하늘에서 더 큰 상급을 받으려면 마트에서 물건 살 때마다 포인트를 쌓듯이 야훼가 기뻐하는 일을 해서 점수를 따야 해. 그리고 가장 많은 포인트가 쌓이는 행위가 바로 전도거든.

기독교인이라면 릭 워런 목사를 잘 알 거야. 그가 쓴 『목적이 이끄는 삶』이란 책은 세계적으로 수천만 부가 넘게 팔렸고, 한국 교회에서도 제자 교육(교회가 교인을 예수의 제자로 훈련하는 프로그램)의 필독서로 활용하지. 릭 워런 목사가 봉사와 구제에 대해 뭐라고 말했는지 알아?

만일 죽음으로 모든 것이 끝난다면 남을 돕느라 1분이라도 허비할 이유가 없다.

전 세계 기독교인의 존경을 받는 기독교 지도자의 인식이 저 정도라는 건 참 서글픈 일이야. 그리고 교회가 운영하는 수많은 봉사 단체는 릭 워런 목사와 다를 바 없는 생각으로 운영되는 게 엄연한 현실이지. 신에게 잘 보이기 위한 '포인트 쌓기' 용 봉사.

어떤 목적으로든 어려운 이웃을 돕는다는 것 자체가 나쁜 일이라고 말할 순 없어. 하지만 빵 한 조각을 얻어먹기 위해 예수를 영접해야 하는 아프리카의 굶주린 아이들을 생각해봐. 종교 세일즈에 가난한 이들의 배고픔을 이용하는 것을 보면서 씁쓸한 기분이 드는 것은 나만의 생각일까?

교회가 구제 사업에서 손을 뗀다면 우리나라의 사회복지는 심각한 구멍이 뚫릴 거라고 주장하는 기독교인도 있어. 하지만 그건 문제의 핵심을 잘못 파악한 거야. 진짜 문제는 복지시설과 인력의 상당수를 종교가 감당하는 우리나라의 잘못된 사회구조라고. 많은 사람들이 오해하지만 종교 단체가 운영하는 복지시설은 대부분 국가 예산으로 운영되고 있어. 복지시설에 근무하는 사회복지사의 인건비부터 시설 운영에 들어가는 비용까지 교회 헌금이 아니라 국민의 세금으로 충당한다고. 복지 분야에 종사하는 종교인이 스스로 '복지사업' 이라고 부를 정도로 많은 이권이 걸려 있는 것도 사실이지. 왜 국민이 낸 세금으로 교회가, 사찰이 생색을 내며 전도와 포교를 하는 걸까?

사회 안전망이 제대로 갖춰진 유럽 국가들을 보면 종교의 영향력이 거의 사라진 상태야. 반대로 우리나라는 사회적 약자에 대한 배려를 정부가 예산만 지원하고 상당 부분 종교에 떠넘기기 때문에 오히려 종교의 영향력이 커지고 있어. 하지만 정부가 앞장서서 사회적 약자를 배려해야 한다는 데는 종교인이든 무신론자든 이견이 없을 거야.

가난이나 굶주림은 종교의 세일즈 포인트가 아니야. 빵 한 조각을 건네면서 예수의 이름을 파는 건 페어플레이가 아니라고. 어쩌다가 이 나라는 어려운 이웃을 배려하고 나누는 일에 대해 이야기하면 교회가 나서서 빨갱이니 좌파니 욕하는 세상이 됐는지 기독교인이라면 한번 생각해볼 필요가 있지 않을까?

교회가 실질적으로 사회에 피해를 끼치는 것도 아닌데 왜 타인의 종교와 신념을 비판하느냐고 따지고 싶은 기독교인도 있을 거야. 물론 중세 시대처럼 교회가 돈 받고 면죄부를 팔거나, 지구가 태양 주위를 돌고 있다고 주장한다고 해서 감옥에 가두진 않지. 하지만 나는 여전히 기독교가 인간을 향해 마녀사냥을 하며 사회에 해를 끼친다고 보기 때문에 이 책을 쓴 거야.

동성애자를 사형하는 법안을 성경의 가르침에 근거해서 실행하는 우간다의 이야기를 앞에서 했으니, 이번엔 우리나라의 예를 들어볼까? 내가 이 원고를 탈고하는 동안 신문에 게재된 광고 하나가 눈길을 끌었어. 동성애자가 등장하는 '인생은 아름다워' 라는 드라마를 보고 시민 단체(?)가 항의하기 위해 실은 광고인데, 그 제목이 참 황당했거든.

〈인생은 아름다워〉 보고 '게이' 된 내 아들 AIDS로 죽으면 SBS 책임져라!

'동성애자=에이즈 환자' 라는 잘못된 지식과 차별적인 시선을 노골적으로 드러낸 광고지. 평범한 이성애자도 저 광고를 보고 분노한 사람들이 많았는데, 정작 동성애자는 얼마나 참담한 기분이 들었을까? 광고를 실은 '바른 성문화를 위한 전국연합' 을 검색해보니 목사와 기독교인이 만든 단체였어. 결국 그들이 주장하는 '바른 성 문화' 란 야훼의 명령에 따른 섹스를 의미하는 거지.

며칠 뒤엔 '봉은사 땅 밟기' 동영상이 사회적으로 큰 물의를 일으켰어. 기독교인이 서울 한복판에 있는 사찰에 들어가 '하나님에 의해 이 땅은 파괴될 것이고 하나님에 의해 회복될 것이다' 라고 예배 드리는 모습을 촬영한 것이었지. 동영상 속의 젊은이들이 "우상은 무너지고 주의 나라 되게 하소서"라고 저주를 퍼붓는 모습을 보며 가슴이 답답해지더라고. 이 동영상이 사회적으로 큰 문제가 되자 당사자들이 봉은사에 찾아가 사과했지만, 난 그들이 진정으로 사과했다고 생각지 않아. 문제가 걷잡을 수 없을 정도로 커지자 사태를 무마하기 위해 내키지 않는 사과를 했을 뿐이라고 보거든.

'땅 밟기' 는 성경에 기록된 야훼의 명령이자, 다른 민족과 종교를 향한 기독교의 폭력적인 점령 방법이야. 「여호수아」 6장에 보면 다음과 같은 내용이 나와.

2 여호와께서 여호수아에게 이르시되 보라 내가 여리고와 그 왕과 용
사들을 네 손에 넘겨 주었으니
3 너희 모든 군사는 그 성을 둘러 성 주위를 매일 한 번씩 돌되 엿새
동안을 그리하라
5 …그리하면 그 성벽이 무너져 내리리니 백성은 각기 앞으로 올라갈
지니라

유대인은 이집트를 탈출해서 가나안으로 향할 때 여리고 성을 앞에 두고 성벽을 무너뜨리기 위해 힘을 쓰지 않았어. 야훼의 명령대로 엿새 동안 매일 한 바퀴씩 성벽을 돌았을 뿐이지. 그리고 일곱째 날에 성벽을 일곱 번 돌고 큰 함성을 외치니까 여리고 성이 무너졌다는 게 「여호수아」 6장의 내용이야. 그 후 유대인은 야훼의 명령에 따라 성안의 모든 생명을 죽이지. 즉 땅 밟기는 기독교에서 야훼를 믿지 않는 자들을 상대하는 지극히 폭력적인 점령 방식이야. 땅 밟기의 효력은 성경 곳곳에 기록되었어. 「신명기」 11장을 봐.

24 너희의 발바닥으로 밟는 곳은 다 너희의 소유가 되리니 너희의 경
계는 곧 광야에서부터 레바논까지와 유브라데 강에서부터 서해까
지라
25 너희의 하나님 여호와께서 너희에게 말씀하신 대로 너희가 밟는
모든 땅 사람들에게 너희를 두려워하고 무서워하게 하시리니 너희
를 능히 당할 사람이 없으리라.

「여호수아」 14장에도 땅 밟기의 효력이 나와.

9 그 날에 모세가 맹세하여 이르되 네가 내 하나님 여호와께 충성하
였은즉 네 발로 밟는 땅은 영원히 너와 네 자손의 기업이 되리라 하
였나이다

이런 가르침에 따라 기독교인은 드러내놓고 선교 활동을 벌일 수 없는 지역에 가서 땅 밟기를 실행에 옮기는 거야. 봉은사 사건 전에도 빈번하게 일어난 일이지. 기독교인이 2004년에 예루살렘과 베들레헴에서 벌인 '평화 행진'도 땅 밟기를 실천한 거야. 2006년엔 한국 선교팀이 이란의 모스크(이슬람 사원) 주변을 여러 차례 돌다가 현지 경찰에 붙잡히기도 했어. 그 외에도 뉴스에 나오지 않았을 뿐이지 우리나라의 웬만한 사찰은 기독교인이 벌이는 불상 훼손, 탱화 찢기, 방화, 땅 밟기 등 해코지를 당해보지 않은 곳이 드물다고.

이런 이야기가 나올 때마다 기독교인이 '그건 일부 광신도의 문제일 뿐이다'라고 선을 긋는 건 오히려 본질을 흐리는 이야기라고 생각해. 물의를 일으키는 건 결코 일부 기독교인이 아니야. 적어도 성경의 가르침에 따르면 땅 밟기나, 동성애자에 대한 핍박이나 신실한 믿음에서 비롯된 행동이거든.

'봉은사 땅 밟기' 동영상을 찍은 사람들은 찬양인도자학교라는 단체에서 교육을 받던 사람들이야. 그 단체는 각 교회의 예배 인도자를 모아놓고 훈련하는 곳인데, 10년이 넘는 기간 동안 수

천 군데 교회에 속한 예배 인도자를 훈련한 것으로 알려졌어. 실제로 찬양인도자학교의 대표는 이렇게 말했지.

"…대부분의 참가자들은 중소 교회에서 온 그 교회의 VIPVery Important Person입니다. 그들은 교회 내 핵심 사역 부서에 속한 사람들입니다."

각 교회의 핵심 사역 부서에 속한 리더들을 향해 일부(?) 광신도라고 할 수 있을까?

그리고 동성애자를 차별하고 경멸하는 광고를 실은 '바른 성문화를 위한 전국연합'을 이끄는 사람들은 한기총(한국기독교총연합회)에 소속된 목사와 기독교인이야. 기독교인도 차마 한기총을 일부 광신도의 집단이라고 말하진 못할 거야. 한기총은 장로교, 감리교, 성결교, 침례교 등 우리나라 기독교 주류 교단이 대부분 속한 단체지. 그런 단체에 소속된 목사들이 동성애자에 대한 혐오와 경멸, 차별적인 시선으로 광고를 싣는 게 과연 일부의 문제라고 할 수 있느냔 말이야. '일부'가 대다수라는 게 엄연한 현실이잖아.

다른 종교와 더불어 화목하게 살아가는 것이 하나님의 뜻이라고 가르치는 목사가 몇 명이나 될까? 밖으로는 쉬쉬하지만 교회 안에서는 다른 종교를 향해 어서 저 사탄의 세력이 무너지게 해달라고 기도하는 게 대다수 교인과 목사들이잖아. 그걸 거짓말까지 해가면서 숨기려 한다면 기독교인으로서 서글프지 않아? 이렇게 조목조목 교회가 사회에 미치는 폐해를 열거해도 종교는 개인의 신념이니 비판해서는 안 된다고 말한다면 그건 정말 이기적인 태도야.

인도 사람들은 힌두교의 가르침에 따른 카스트 때문에 태어날 때부터 사람의 계급이 정해지고, 그것을 운명으로 여기며 살아. 가난하고 못 배운 사람들의 반발을 종교의 이름으로 억누르는 서글픈 예라고 할 수 있지. 기독교인은 신분제도를 체념하듯 받아들이고 살아가는 인도인을 보며 힌두교의 불합리함과 차별을 비판해.

그런데 내가 기독교의 야훼를 비판하는 이유도 힌두교의 카스트를 바라보는 시각과 똑같아. 앞에서 내가 야훼는 결코 이 땅에서 공의를 드러낸 적이 없다고 얘기한 거 기억해? 지금 이 시간에도 독재자가 판치고 인종 학살이 일어나며, 기득권층이 사회적 약자를 착취하는 공의롭지 못한 세상을 보란 말이야. 기독교인은 신의 공의로움은 죽음 이후의 심판을 통해 드러난다고 말하겠지만, 자신이 한 말을 곱씹어 생각해봐. 자신이 전생에 저지른 죄 때문에 이번 생에선 천한 신분으로 태어난 것이라 믿는 힌두교나, 심판은 죽음 이후에 있는 거니까 이 땅에서 벌어지는 부패와 죄악의 책임을 하나님께 돌려선 안 된다고 가르치는 기독교. 두 종교의 가르침이 인간에게 끼치는 해악에 있어서 다른 점이 얼마나 있을까?

인정하기 싫겠지만 공의롭다는 야훼의 가르침은 기독교인이 비판하는 힌두교의 카스트와 전혀 다르지 않아. 현실 세계의 삶이 억울하고 불합리하더라도 죽음 이후의 심판을 기다리며 참고 견디라는 가르침은 양쪽 모두 똑같단 말이야.

재물과 권력욕에 찌든 종교라 할지라도 제대로 개혁된다면 나눔과 구제를 통해 사회에 선한 영향력을 미칠 거라고 생각하는 사람들도 많아. 기독교인뿐만 아니라 무신론자도 종교의 선한 영향력을 기대하는 경우가 많은데, 내가 볼 때 그건 큰 오해야. 앞에서도 말했지만 사회 소외층을 위한 구제와 나눔은 정부 차원에서 사회 안전망을 구축해서 해결해야 할 문제야. 그걸 종교가 해야 할 일이라고 기대하는 순간, 정부 차원에서 복지 시스템을 마련하는 일은 미뤄진다고. 종교단체가 노숙자들에게 점심을 먹이고, 가난한 아이들에게 장학금을 주는 건 물론 좋은 일이지. 그렇다고 해서 종교라는 이름으로 인간의 자유와 인본주의를 죄악시하는 가치관을 심어주는 건 옳지 않다고 생각해.

영화 '아바타'가 한창 흥행할 때 일부(?) 교회에서는 교인에게 그 영화를 관람하지 못하도록 했어. '아바타'는 성경적인 세계관을 공격하는 범신론을 담은 사탄의 의도라고 겁을 준 거지. 영화 한 편 보는 데도 죄책감을 갖게 하는 종교가 인간에게 어떤 이로움을 줄까? 난 종교가 심어주는 그런 죄책감과 자기 검열이 인간의 자유와 인권, 문화의 발전을 가로막는다고 생각해. 종교가 차별과 편 가르기, 전쟁을 부추긴다는 말이야.

사람마다 좋고 싫은 것이 있을 수는 있어. 하지만 내가 꼴 보기 싫다고 해서 그것이 죄악은 아니잖아. 예를 들어 우리나라에선 얼마 전만 해도 동성동본의 결혼이 위법이었지만, 현재는 합법으로 바뀌었지. 그런데 지금도 성균관이나 유교를 떠받드는 사람들 중엔 동성동본의 결혼을 짐승만도 못한 짓이라고 반대하는 이들이 있어. 이 글을 읽는 기독교인 중에 자신이 사랑하는 여자가 동성동본인데, 가족이 당신을 짐승만도 못한 사람 취급하고 절대로 결혼을 못 하게 반대한다면 뭐라고 할 거야?

흑인은 인간의 말을 하는 짐승이라고 여기던 시대가 있었어. 그 시대의 가치관에선 흑인의 인권을 이야기하면 미친 사람 취급을 당했고, 흑인을 노예로 부리는 것이 당연하다고 여겼지. 흑인에 대한 차별, 동성동본 금혼법, 동성애자에 대한 차별이 어떻게 다를까? 범법자나 타인에게 피해를 끼치는 행위가 아니라면 누군가를 차별하고 혐오하는 시야가 과연 어디서 기인했는지 특히 종교인은 한번 생각해보길 권하고 싶어.

종교가 현실 사회의 괴로움을 견딜 수 있는 버팀목 역할을 해준다는 사람들도 있지. 하지만 인도의 최하층 불가촉천민도 힌두교의 가르침에 의지해서 불합리한 사회제도와 시궁창 같은 현실을 견디며 살아. 가까이해서는 안 되는 더러운 자들이라고 손가락질 받는 게 자신이 전생에 저지른 죄 때문이라고 받아들이는 사람들. 그런 불가촉천민을 보고도 힌두교가 소외된 사람들의 버팀목이라고 말할 수 있을까?

현실을 개혁하려는 의지 자체를 꺾는 게 종교의 순기능인지 생각해보라고. 삶의 버팀목이 현실에 눈감고 체념하도록 하는 건 아니잖아. 성경을 당시 역사와 주위 환경을 통해 해석해야 한다는 건 기독교인도 동의할 테니 다시 한번 생각해봐. 역사를 통해 성경은 과연 누구를 위한 경전이었는지 생각해보란 말이야. 죽음 이후의 심판을 기대하며 현실을 견디게(체념하게) 만든다는 점에서 기독교와 힌두교는 기득권층의 이득을 대변하기 위한 종교였다고.

야훼를 믿는 종교의 핵심은 인간을 위해 신이 존재하는 게 아니라 신이 자기만족을 위해 인간을 창조했다는 거야. 그렇기 때문에 인간의 가치를 이야기하고 인본주의를 얘기하는 건 기독교적인 세계관에서 죄악이지. 볼 수도 없고 만질 수도 없는 신을 위해 현실 세계의 인간이 희생해야 한다는 건 나에게 너무나 서글픈 일이야. 왜 인본주의가 죄악이라고 가르치는 종교에 심취해야 할까? 인간이 신을 위한 기쁨조라는 게 감사할 일이라고 말하는 그들을 난 도무지 이해할 수 없거든.

릭 워런 목사는 미국의 시사 주간지 『뉴스위크』의 초대를 받아 저명한 신경과학자이자 무신론자인 샘 해리스와 대담을 나누면서 다음과 같이 말했지.

우리는 모두 도박을 하는 셈이다. 샘(무신론자)은 자기 생각이 옳다며 인생을 건 도박을 한다. 그리고 나는 인생을 걸고 예수가 거짓말쟁이가 아니라는 도박을 한다. 우리가 죽을 때 만일 샘이 옳다 해도 난 손해 볼 게 없다. 하지만 내가 옳다면 그는 몽땅 잃는다. 그런 도박은 하고 싶지 않다.

상당수 기독교인은 릭 워런 목사의 말처럼 보험에 드는 심정으로 교회에 다녀. 하지만 보험(종교)은 여러 회사에서 출시되지. 죽음의 순간에 기독교라는 보험이 당신의 천국행을 보장해주지 않을 수도 있단 말이야. 불교나 힌두교, 이슬람교, 유대교… 어느 회사의 보험이 죽음 이후의 삶을 보장해줄지 아무도 알 수 없어. 기독교인은 그중에서 야훼를 믿을 뿐이지.

그리고 우리는 보험에 가입할 때 보험약관을 꼼꼼히 읽어보는 과정을 거친다는 걸 잊지 말았으면 해. 성경과 그 속에 묘사된 신의 성품을 살펴보는 노력을 게을리해선 안 된단 말이야. 당신이 보험약관을 꼼꼼히 살펴보고 의문을 품는다고 해서 설계사가 "그런 의문을 품어서는 이 보험에 가입할 수 없다"고 말한다면 그 보험에 가입할 수 있을까?

내가 이 책의 앞부분에서 왜 그렇게 성경에서 보이는 신의 모습을 비판했는지 알아? 나는 기독교인이 달콤하게 복종하는 신의 성품이 과연 당신들의 사랑을 받기에 합당한 모습이냐고 물어본 거야. 온 우주를 창조했다는 야훼가 그토록 편협하고, 차별을 일삼고, 폭력과 학살을 부추기는 모습이라도 당신들은 그런 신에게 복종하는 게 행복하냐는 말이지.

기독교인도 이슬람교도나 힌두교인을 보면 안타까움을 느끼잖아. 그들은 태어날 때부터 코란이나 베다를 암송하며 글을 배우고, 알라와 시바의 가르침을 한 치의 의심 없이 자기 삶으로 여겨. 그들은 말 그대로 믿기 위해 믿을 뿐, 경전 내용에 의문을 품거나 자신의 신을 의심하지 않아. 릭 워런 목사의 말대로 각각 도박을 하는 거라면 자신의 패를 차분히 들여다볼 필요가 있지 않겠어?

『삼국유사』에 기록된 단군신화의 내용을 한 치도 의심하지 않고 믿는 사람이 있다고 생각해봐. 왜 단군을 신으로 섬기느냐고 물었을 때 "『삼국유사』에 그렇게 기록되어 있기 때문"이라고 답하는 사람이 있다면 얼마나 답답하겠어. 그런데 그것과 똑같은 대답을 기독교인도 하고 있다고 생각하지 않아? 왜 야훼의 존재를 믿느냐는 질문에 "성경에 그렇게 나와 있으니까"라고 대답하는 건 옳은 대답이 아니란 말이야.

성경이 기록되던 시기의 역사와 주변 환경, 현대의 고고학과 철학, 윤리, 과학으로 밝혀낸 사실까지 종합해가며 자신의 신앙을 돌아봐. 진화론은 허황된 가설일 뿐이라고 가르치는 목사들의 말만 믿지 말고 다윈의 진화론이 발표된 이후 150여 년이 흐른 지금, 과학이 밝혀낸 진화론의 위상이 어디까지 와 있는지 직접 확인해보란 말이야. 150년 전의 진화론은 여러 가지 설명되지 않는 부분도 있었지만, 지금은 오랜 연구를 통해 확고부동한 사실로 받아들여지고 있어.

오해하지 마. 난 과학을 종교로 신봉하는 게 아니야. 지구가 태양 주위를 공전한다는 건 믿음의 대상이 아니라 사실일 뿐이라고. 진화론 역시 지구가 태양 주위를 돈다는 것만큼이나 확실한 사실로 증명되었어. 목사들의 말만 듣고 진화론이 말도 안 되는 가설이라고 생각하지 말고 직접 진화론을 공부해봐. 그런 다음에 진화론을 비판하는 게 맞지 않겠어? 성경에 기록되었으니 무조건 믿는다는 자세를 잠시만 내려놓고 한 발자국 떨어져서 성경을 바라보란 말이야.

힌두교의 카스트를 비판할 줄 아는 기독교인이라면 자신의 신앙에도 한번쯤 진지한 의문을 가져봐야 하잖아. 그런 고민을 해본 뒤에도 여전히 야훼를 사랑할 수 있다면 난 그 결정을 충분히 존중하고 싶어. 내가 안타깝게 생각하는 건 무조건 성경의 내용이 진실이라고 믿고, 모든 해답을 성경에서만 찾으려고 하는 사람이야. 『삼국유사』에 기록된 단군신화를 무조건 믿는 사람과 조금도 다를 바 없는 사람들이지.

사랑이란 상대를 알아가는 과정이 아닐까? 누군가를 사랑한다고 말하면서 그에 대해 알고 싶어하지 않는다면 그를 사랑하지 않는다는 말과 같아. 신을 사랑한다면 신에 대해 치열하게 알아갈 필요가 있어. 설사 그것이 신과 헤어지는 결과를 불러온다고 해도 말이지. 그리고 신을 떠나야 할 때란 걸 깨달았다면 이렇게 마지막 기도를 올리는 게 어떨까.

하나님, 이제 저를 놓아주세요.
수천 년 동안 당신의 이름으로 죄책감에 억눌려온 인간들을 그만 놓아주세요.

Q 당신이 싫어하는 이야기지만 반복할 수밖에 없군요. 당신이 뭐라고 받아들이든 동성애자를 경멸하고 사찰에 들어가 불

상을 훼손하거나 땅 밟기를 하는 기독교인은 극히 일부일 뿐입니다.

A 실제로 그런 폭력적인 행동을 실천에 옮기는 기독교인의 숫자는 전체 기독교인 중에 일부가 맞을 겁니다. 하지만 성경에서, 교회 목사들이 설교를 통해 다른 종교를 어떻게 대하라고 가르치던가요? 다른 종교의 신앙을 존중하고 더불어 화목하게 지내라고 가르치나요, 아니면 반드시 무너뜨려야 하는 영적 전쟁의 대상으로 여기나요. 이 질문에 대한 대답은 당신이 더 잘 아시지 않습니까?

Q 기독교는 역사를 통해 인류에게 많은 해악을 끼쳤습니다. 수많은 학살과 전쟁이 하나님의 정의라는 기치 아래 벌어졌죠. 하지만 그것은 신의 이름을 빙자해 인간이 저지른 죄악입니다. 인간의 잘못된 행동을 신의 탓으로 돌리는 건 옳지 않다고 봅니다.

A 일부분은 동감합니다. 전 무신론자기 때문에 종교를 통한 모든 해악은 결국 신의 이름을 빙자해 인간이 저지른 죄라고 생각합니다. 다만 성경에 기록된 신의 명령을 따랐을 경우 그것까지 모두 인간의 탓이라고 몰아붙이기엔 억울한 점이 있다는 겁니다. 예를 들어 다른 종교를 반드시 무너뜨려야 하는 영적 전쟁의 대상으로 삼는 것은 야훼의 가르침 때문이 아닙니까? 전 오히려 모든 것을 인간의 탓으로 돌리는 기독교인의 태도가 옳지 않다고 봅니다.

Q 릭 워런 목사의 말처럼 성경의 가르침이 잘못됐고, 최악의 경우 하나님이 존재하지 않는다고 해도 기독교인은 손해 볼 것이 없습니다. 하지만 무신론자인 당신이 틀렸을 경우엔 모든 것을 잃을 겁니다.

A 릭 워런 목사는 도박을 하다가 실패한다 해도 손해 볼 것이 없다고 말했지만 과연 그럴까요? 보험에 가입하기 위해 당신의 수입을 전부 바쳐야 한다면? 기독교인에게 종교는 자신의 삶을 모두 바치는 것이잖습니까. 성경 가르침대로라면 먹든지 마시든지 무엇을 하든지 모든 것을 하나님의 영광을 위해 하는 게 기독교인이니까 말입니다. 기독교라는 보험에 가입하기 위해서는 자신의 기쁨을 위한 인생을 포기하고 신의 기쁨을 위해 살아야 합니다. 그런데 자신의 모든 것을 희생한 신이 존재하지 않아도 손해 보는 게 없다고 말할 수 있을까요?

설사 우주와 인류를 창조한 신이 있다 해도 전 잃을 게 없다고 생각합니다. 우주를 창조한 존재가 있다면 자신이 사랑 받지 못했다는 이유만으로 나를 영원히 지옥 불에 던질 정도로 편협한 존재가 아닐 것이라는 믿음(?)이 있기 때문입니다.

Q 당신은 정말 신이 없다고 믿습니까? 당신도 한밤중에 캄캄한 묘지에 간다면 두렵지 않나요? 영적인 존재를 믿지 않는 무신론자도 귀신을 두려워하는 건 무슨 이유입니까?

A 전 많은 사람들이 귀신이나 어둠에 대한 두려움을 오해한다고 생각합니다. 대낮에 혼자 묘지에 서 있으면 두려운가요? 당신은 어떨지 모르지만 전 그렇지 않습니다. 대신 달도 보이지 않는 밤에 어두운 숲 한가운데 혼자 있으면 좀 두렵더군요. 그건 귀신이 아니라 어둠에 대한 두려움입니다. 마치 깊은 바다 속, 바닥이 보이지 않는 짙푸른 어둠을 볼 때의 공포와 비슷하죠. 자신의 감각이 제한되거나 (빛이 보이지 않는) 통제할 수 없는 상황에 대한 두려움입니다. 인류가 진화함에 따라 유전자 레벨에서 각인된 본능적인 두려움이기도 합니다. 합리적인 무신론자라면 그걸 귀신 탓이라고 해선 안 되죠.

오히려 제가 묻고 싶군요. 신이 있다고 확고하게 믿는 기독교인은 왜 어두운 묘지에서 두려워하나요? 어떤 상황에서도 야훼께서 당신을 지켜줄 것이라고 믿지 못하는 겁니까?

신에게서
벗어난 삶
이후의

무신론자로 살아가는 것은 행복할까, 행복하지 않을까?

내가 지금껏 성경 내용을 비판한 건 기독교인에게 싸움을 걸기 위해서가 아니야. 이 책은 어디까지나 신이 짊어지게 한 죄책감과 죽음 이후의 심판에 대한 두려움으로 어쩔 수 없이 교회에 나가는 사람들을 위한 것이거든. 교회를 떠났거나 떠나려고 준비하는 사람들이 짊어진 죄책감과 두려움을 내려놓을 수 있도록 돕고 싶었단 말이야. 기독교인이 볼 때는 내가 사탄의 하수인 역할을 하는 셈이겠지만, 나로선 한 사람이라도 신에게서 자유로워지는 데 도움이 됐다면 오히려 고맙고 보람을 느낄 거야. 꼭 무신론자가 되지 않더라도 자신의 종교에 대해 고민하고 생각해볼 계기가 됐다면 그것만으로 족해.

죽음으로 모든 것이 끝난다는 건 슬픈 일이야. 반면에 죽음은 끝이 아니라 영혼을 통해 영원히 지속되는 삶이 있다는 건 참 듣기 좋은 말이지. 그럼 듣기 좋으라고 현실을 부정해야 할까? 아무리 꿈이 달콤하다고 해도 그건 우리가 발을 딛고 살아가는 이 땅의 현실이 아니잖아.

이건 시한부 인생 선고를 받은 환자에게 자신의 병명과 남은 예상 수명을 알려줘야 하는가에 대한 문제와도 비슷해. 내가 환자의 입장이라면 남은 수명을 정확히 알고 죽음을 준비하는 쪽을 택하겠어. 죽음이 얼마 남지 않았다는 사실을 아는 것은 결코 좋은 소식이 아니지만, 그래도 내가 받아들여야 할 현실이기 때문이야. 환자가 죽을 때까지 병명을 속이고 나을 수 있다고 희망을 주는 게 좋다고 말하는 사람들도 있지만, 이건 내 몫의 삶이야. 신이, 목사가, 타인이 내 삶의 마지막을 결정하게 하는 것은 내 가치관에서 받아들일 수 없어.

죽음으로 삶이 끝난다는 건 불편한 진실이야. 하지만 무신론자에게 이것은 겸허하게 받아들여야 하는 진실이기도 해. 오히려 무한하지 않은 짧은 인생이기에 지금의 삶을, 내 가족을, 내 일을 더 충실하게 대하며 살아갈 수 있잖아.

이 글을 인터넷에 연재하는 동안 내 글이 교회에서 벗어나는 데 도움이 되었다고 고마움을 표한 분들이 여럿 있었어. 그분들 중 일부는 나에게 새로운 걱정을 이야기하더라. 교회에서 벗어난 이후의 삶에 어떻게 적응해야 할지 모르겠다는 거야. 잠깐 혹은 몇 년쯤 교회에 다닌 사람이라면 무신론자로 살아가는 게 어렵지 않을 거야. 하지만 태어나면서부터 부모님을 따라 교회에서 자라온 사람이나 수십 년 동안 신을 믿은 사람이라면 교회를 떠난다는 게 쉽지 않은 일이야. 교회는 신앙의 의미뿐만 아니라 인간관계의 중심이기도 하니까.

독실한 기독교인이 되려면 타 종교인과 섞여서 살아가기가 쉽지 않아. 일요일은 물론 평일 저녁에도 교회에 나갈 때가 많다 보니 남들 눈치 보며 칼퇴근해야 하고, 회식 자리에서 술을 거절하는 것도 껄끄럽지. 게다가 교회가 주관하는 이런저런 봉사 활동까지 하다 보면 사회에서 만난 친구들과는 함께 할 시간도 줄어들고, 점점 교회 안의 인간관계가 삶의 중심이 될 수밖에 없어. 반대로 사회 친구들과는 물과 기름처럼 겉돌기 쉽지.

그렇게 교회가 삶의 중심이던 사람이 어느 날 교회를 떠나면 어떤 형태로든 공허함을 느끼게 마련이야. 나만 해도 교회에서 맡은 일들이 많다 보니 평일보다 주말이 바빴는데, 막상 교회를 떠나니까 주말의 여유가 오히려 공허하더라고. 무엇보다 교회 안에서 수십 년 동안 만나던 친구와 선후배를 잃는 게 가슴 아팠어. 내가 교회를 떠났다고 해서 그들이 나를 적대시하거나 미워한 건 아니지만, 교회 친구들이 볼 때 나는 집 나간 탕자와 같잖아. 그 친구들은 어떻게든 나를 교회로 돌아오게 하려고 애쓸 수밖에 없고. 그러다 보니 만나는 게 서로 불편해지더라. 종교란 건 한 사람의 가치관을 규정짓는 잣대가 되기 때문에 그들이 보는 세상과 내가 보는 세상이 전혀 달라진 거야.

씁쓸한 대답이 되겠지만 신에게서 벗어난 사람이라면 종전의 교회 인맥을 예전처럼 유지하기는 힘들다고 생각해. 어떻게 보면 신을 떠난 것보다 교회에 속한 사람들을 떠난다는 게 가슴 아플 정도로 힘든 일이지. 이제야 고백하지만 내가 이 책을 쓰는 이유 중 일부는 내가 속해 있던 교회의 친구와 선후배를 위한 것이기도 해. 평행선을 그릴 수밖에 없던 종교에 대한 이야기들을 책으로 모아서 그들에게 넌지시 건네주고 싶었거든. 내가 소중히 여기던 친구들이라면 내가 왜 야훼를 떠났으며, 왜 세상의 모든 종교에 비판적인지 조금은 이해할 수 있으리란 작은 기대를 품고 말이야.

개인적인 이야기를 길게 늘어놨는데, 신과 이별을 준비하는 당신에게 해주고 싶은 이야기를 내 경험에 비추어 정리해볼게.

1. 죽음 이후를 미리 염려하지 말 것

무신론자라도 죽음 앞에선 약해질 수 있어. 혹시나 신이 존재하는 건 아닐까, 죽음 이후에 정말 지옥의 심판이 있는 건 아닐까 그런 두려움이 생길 수 있지. 하지만 내가 단언할게. 신이 있더라도 당신을 영원한 지옥 불에 내던지는 일은 없어. 우주의 창조주가 자신이 사랑 받지 못했다는 이유로 당신을 지옥에 보낸다는 건 있을 수 없는 코미디거든.

죽음이 두려운 이유는 혹시 있을지 모르는 천국과 지옥에 대한 걱정보다 소중한 사람들과 영원히 이별한다는 것 때문일 거야. 이 부분에 대해선 어떤 위로도 해줄 수 없다는 게 나도 안타까워. 하지만 그런 두려움을 극복하기 위해 종교에 매달린다는 건 보험에 가입하는 게 아니라 로또복권을 사는 것처럼 허망한 짓이야. 로또복권은 몇백만 분의 일의 확률로 매주 당첨자라도 나오지만 종교는 그렇지도 않아.

자신이 받아들이기 싫은 현실을 그럴듯한 공상으로 꾸며내는 건 현실도피일 뿐이야. 공상하는 것 자체는 나쁘지 않겠지만, 그 공상을 위해 타인에게 차별과 편견, 폭력적인 적대감을 보인다면 결코 도움이 안 된다고. 더구나 그 공상의 대가로 평생 죄책감에 억눌리고 지옥에 대한 두려움에 떨어야 한다면 굳이 그런 공상을 할 필요가 있을까?

꿈꾸는 것과 현실도피는 전혀 다르잖아. 난 꿈을 꾸고 싶지 현실에서 도피하고 싶지 않아. 역사와 고고학, 철학, 물리학, 천문학 등 인간의 모든 학문은 신의 존재를 부정해. 그러니까 21세기를 살아가는 당신의 이성을 믿어도 된단 말이야. 수천 년 전에 태양을 신으로 숭상하던 사람들이 만들어낸 신화에 귀 기울이지 않아도 된다고.

죽음이나 소중한 사람들과 헤어질 일이 두려워서 수천 년 전으로 회귀하는 건 좀 그렇잖아. 배우고 사랑하며 살다가 후회 없이 흙으로 돌아갈 수 있다면 그렇게 나쁜 일도 아니고 말이야.

2. 남는 시간에 대한 죄책감을 떨칠 것

신실한 신앙인일수록 교회에서 벗어나면 남는 시간이 많을 거야. 나는 거의 일주일에 이틀 정도가 비더라고. 그런데 신을 떠난 것과 별개로 수십 년 동안 몸에 익은 습관은 일요일에 남아도는 시간을 교회가 아닌 곳에서 사용하는 데 죄책감이 들게 만들지.

난 교회에 다닌 수십 년 동안 주말이란 게 없었어. 주말엔 이른 아침부터 밤늦게까지 교회에 매달렸지. 주일학교 교사부터 성가대, 남선교회 총무, 찬양팀, 제자 교육, 각종 봉사 활동 등 끊임없이 이어지는 '교회 일'에 치여 산 거야. 그러다가 신을 떠나서 처음 교회에 나가지 않은 일요일, 하루가 무척 길게 느껴졌어. 그 시간에 뭘 해야 할지 당혹스러웠을 정도지. 그래서 하루 종일 멍하니 TV를 보고, 인터넷 서핑을 하고, 병든 닭처럼 꾸벅꾸벅 졸기도 했어. 아내와 함께 여행이라도 할 수 있었을 텐데, 일요일에 어딘가 놀러 간다는 게 왠지 죄책감이 들었지. 오랜 세월 동안 '주일 성수'가 몸에 밴 사람이라면 이런 내 반응이 이해가 될 거야.

주일 성수에 대한 죄책감에서 벗어나는 것이 무신론자의 첫걸음이라고 생각해. 알겠지만 안식일과 기독교의 주일은 전혀 다른 개념이야. 현대 교회에서 주일 성수는 '쉼'이라는 개념과 거리가 멀잖아. 일요일에 교회에 가지 않으면 처음엔 당혹스러울 정도로 남는 시간이 어색할 거야. 하지만 그건 당신이 지금껏 누리지 못한 온전한 쉼이고, 죄책감으로 고민할 문제가 아니지.

이건 신이 준 죄책감에서 벗어나는 첫걸음이기도 해. 지금껏 당신이 누리지 못한 자유를 죄책감 때문에 허비하지 마. 이제 당신에겐 그 시간을 어떻게 사용할지 즐겁게 고민하는 일만 남았어.

3. 좀더 많은 시간을 가족과 함께 보낼 것

남는 시간을 보내는 가장 좋은 방법은 소중한 사람들과 함께 하는 거라고 생각해. 난 교회를 떠난 뒤 지독하게 한가로운 주말을 한 달 남짓 보낸 뒤에야 일요일에 누리는 자유를 죄책감이 아닌 기쁨으로 받아들였어. 그리고 내가 되찾은 자유의 시간을 가족과 함께 보내는 기쁨을 누렸지.

신을 사랑한다고 수십 년 동안 고백하며 살아왔지만 정작 내 부모님과 아내, 아이들에겐 그만큼 사랑한다고 표현하지 못했어. 교회를 떠난 외로움 때문인지 가족의 소중함은 더 절실하게 다가왔어. 함께 살아갈 날이 길지 않은 부모님이나 내 손을 잡고 놀고 싶어하는 아이들 그리고 나와 늙어갈 아내, 그들이 언제까지나 나와 함께할 순 없다는 걸 깨달았지.

죽음 이후의 천국과 지옥을 믿지 않는 무신론자를 보고 종교인은 참 허탈하게 산다며 혀를 차는 모습을 자주 봐. 죽음이 모든 것의 끝이라면 그것만큼 허탈한 삶이 어디 있겠느냐는 얘기지.

하지만 난 유한한 인생이기 때문에 인간이 하루하루를 충실하게 보낼 수 있다고 생각해. 언젠가 내가 영원히 떠나보내야 할, 혹은 내가 먼저 떠날 가족이기 때문에 지금 이 순간 최선을 다해 사랑할 수 있는 거잖아. '천국에서 만납시다' 라는 말로 훗날을 기약하는 것보다는 지금 후회 없이 사랑하는 쪽을 택하자고. 이 절박하고 열정적인 사랑은 내가 죽음 이후의 천국을 기대했을 때보다 훨씬 더 충실하고 애틋한 사랑이야.

4. 사람에 대한 사랑을 지속할 것

교회를 떠났을 때 느끼는 공허함을 메우는 가장 좋은 방법은 신에 대한 사랑을 사람에 대한 사랑으로 바꾸는 거라고 생각해. 가깝게는 그 대상이 가족이 될 수도 있고, 여건이 허락한다면 몸으로 봉사할 수 있는 곳을 찾아서 타인에 대한 사랑을 실천하는 것도 좋아. 적어도 보이지 않는 신에게 잘 보이려고 애쓰거나 천국에 포인트를 쌓는 것보다는 훨씬 보람된 일이란 걸 체감할 거야.

열심히 신앙생활 하던 사람이라면 십일조와 각종 항목으로 교회에 낸 헌금이 적지 않을 거야. 그 돈을 아껴 더 넓은 집이나 더 비싼 차를 사는 것을 새로운 삶의 목적으로 삼을 수도 있겠지만, 그런 방법은 추천하고 싶지 않아. 신에 대한 사랑을 드러내려고 써온 돈이라면 사람에 대한 사랑에 쓰라고 권하고 싶어. 신에게 얽매이지 않고 나눔을 실천할 수 있다면 당신의 삶을 훨씬 가치 있게 만들어줄 거야.

이런 조언을 들어도 신과 이별한다는 건 쉽지 않은 일일 거야. 두려움이나 죄책감, 공허함 같은 감정을 모두 털어내려면 꽤 오랜 시간이 걸리게 마련이지. 하지만 무신론자로 살아간다는 건 그런 과정을 감수할 충분한 가치가 있다고 생각해.

내가 무신론자가 되어서 다행이라고 여길 때가 언제인 줄 알아? 잠든 내 아이들의 얼굴을 바라볼 때야. 어린 시절부터 교회가 내 머릿속에 주입한 죄책감과 두려움을 내 아이들에겐 물려주지 않아도 된다는 안도감. 그것만으로도 난 교회를 떠난 것에 보람을 느껴.

부모의 입장에서 내 아이들이 죽음 이후의 삶을 위해 현재의 삶을 희생하면서 금욕적으로 살길 바라지 않아. 소유하는 것을 죄라고 여기지 않고 당당히 벌어서 그것을 행복하게 쓰며 나누기를 원해. 성경에선 돈이 1만 가지 악의 뿌리가 된다고 가르치는데, 아이로니컬하게도 가장 자본주의적이고 끊임없이 부귀를 탐하는 종교가 한국의 기독교야. 난 내 아이들이 현재의 삶을 소중히 여기고 세상을 즐기며 행복하게 살았으면 좋겠어.

교회를 떠났거나 떠나려고 준비하는 사람들에게 내가 해줄 수 있는 최선의 위로는 이 말일 거야. 당신의 자녀를 신에게 빼앗기지 않은 것만으로도 당신의 선택은 충분히 가치가 있다는 말.

내가 오랜 세월 기독교인으로 살아오지 않았다면 이 책을 낼 일은 없었을 거야. 강 건너 불구경하듯 종교인을 멀리서 바라보며 나와는 상관없는 사람들로 치부했겠지. 실제로 이 글을 연재할 때 같은 무신론자에게서 많은 비난을 받기도 했어. '진짜 무신론자라면 종교나 신에게 관심조차 두지 않는다' '있지도 않은 신을 가지고 왈가왈부할 필요가 뭐 있나?' '왜 쓸데없이 종교인을 건드려서 게시판을 싸움판으로 만드는 거냐?' 등등. 무신론자와 기독교인의 비난을 배부르게 받았지.

하지만 오랜 시간 성경을 공부하고 야훼를 사랑하려고 몸부림치다가 무신론자로 돌아선 내 입장에선 한국 교회를 구경꾼처럼 바라볼 수 없는 안타까움이 있어. 나에겐 기독교라는 종교에 대한 애증이 있거든. 이 애증이란 신에 대한 일말의 기대가 아니라 아직도 신이 준 굴레에 억눌린 사람들에 대한 안타까움을 말하는 거야. 교회에 몸담았다가 무신론자가 된 사람이라면 이런 내 심정을 이해할 거야. 난 나와 같은 무신론자가 더 많아졌으면 좋겠어. 나는 신이 없는 세상을 꿈꾸기 때문이야.

이 책에서 내가 이야기한 것들이 모두 진리라고 주장할 생각은 없어. 하지만 대다수 한국 교회에서 들을 수 있는 목사들의 설교보다는 훨씬 더 성경의 진실에 가깝다고 생각해. 신과 이별을 준비하는 사람들에게 내가 하고 싶은 마지막 말은 아이로니컬하게도 예수가 「요한복음」 8장 32절에 남긴 가르침이야.

"그 때에 너희는 진리를 알게 되고, 진리가 너희를 자유롭게 할 것이다."

Q 그래서 당신은 교회를 떠나 행복하십니까?

A 예, 저는 지난 수십 년 동안 교회에 다니던 그 어느 때보다 무신론자로 살아가는 지금이 행복합니다.